Fin de Partie 2030 !

La Vérité sur les Armes Biologiques Covid-19,
Agenda21 et la Grande Réinitialisation
- 2022-2050 –
La Guerre Civile Américaine - La Chine - La prochaine
guerre mondiale ?

Livres Truth Leaks

Avis de non-responsabilité

Copyright 2021 par Truth Leaks Books - Tous droits réservés

Ce document vise à fournir des informations exactes et fiables sur le sujet et la question traités. La publication est vendue avec l'idée que l'éditeur n'est pas tenu de rendre des services comptables, officiellement autorisés ou autrement qualifiés. Si des conseils sont nécessaires, d'ordre juridique ou professionnel, il convient de s'adresser à une personne exerçant cette profession - à partir d'une déclaration de principes qui a été acceptée et approuvée également par un comité de l'American Bar Association et un comité des éditeurs et des associations.

Il n'est en aucun cas légal de reproduire, dupliquer ou transmettre une partie de ce document, que ce soit par voie électronique ou sous forme imprimée. L'enregistrement de cette publication est strictement interdit et tout stockage de ce document n'est pas autorisé, sauf avec la permission écrite de l'éditeur. Tous droits réservés.

La présentation de l'information est sans contrat ou tout type d'assurance de garantie. Les marques commerciales qui sont utilisées le sont sans aucun consentement, et la publication de la marque est sans autorisation ou soutien de la part du propriétaire de la marque. Toutes les marques et marques déposées dans ce livre ne sont utilisées qu'à des fins de clarification et appartiennent aux propriétaires eux-mêmes, sans être affiliées à ce document. Nous n'encourageons pas l'abus de substances et nous ne pouvons être tenus responsables de la participation à des activités illégales.

L'Europe tombe

La version du 21e siècle de "Arbeit macht Frei", le terme avec lequel les Untermenschen parias étaient "salués" il y a environ 80 ans.

L'État allemand de Hesse a adopté une motion "autorisant" les supermarchés et autres magasins d'alimentation à refuser l'entrée aux personnes non vaccinées. Autorisé" entre guillemets, car le gouvernement allemand utilise exactement la même tactique sournoise que les autres : laissez les entreprises, les organisations et/ou les autorités locales s'en charger officieusement, mais dans le même temps, mettez-les sous forte pression en coulisses pour qu'ils appliquent votre politique. En bref : l'Allemagne est occupée à répéter l'histoire nazie, car les Juifs ont également été exclus des magasins dans les années 30. Et comme à l'époque, aucune protestation internationale ne suivra - pire, d'autres pays suivront l'exemple de l'Allemagne tôt ou tard.

Les supermarchés et autres magasins de Hesse peuvent désormais décider eux-mêmes s'ils appliquent la règle 3G ou 2G (vacciné, testé, guéri). Le chancelier du Land, qui compte 6 millions d'habitants, a confirmé qu'il s'agirait de la règle 2G (vacciné ou guéri. Le test PCR est de toute façon une absurdité absolue, comme vous le savez).

L'État allemand de Hesse a adopté une motion "autorisant" les supermarchés et autres magasins d'alimentation à refuser l'entrée aux personnes non vaccinées. Autorisé" entre guillemets, car le gouvernement allemand utilise exactement la même tactique sournoise que les autres : laissez les entreprises, les organisations et/ou les autorités locales s'en charger officieusement, mais dans le même temps, mettez-les sous forte pression en coulisses pour qu'ils appliquent votre politique. En bref : l'Allemagne est occupée à répéter l'histoire nazie, car les Juifs ont également été exclus des magasins dans les années 30. Et comme à l'époque, aucune protestation internationale ne suivra - pire, d'autres pays suivront l'exemple de l'Allemagne tôt ou tard.

Les supermarchés et autres magasins de Hesse peuvent désormais décider eux-mêmes s'ils appliquent la règle 3G ou 2G (vacciné, testé, guéri). Le chancelier du Land, qui compte 6 millions d'habitants, a confirmé qu'il s'agirait de la règle 2G (vacciné ou guéri. Le test PCR est de toute façon une absurdité absolue, comme vous le savez).

"Allons-nous maintenant faire mourir de faim les personnes non vaccinées ?

Officiellement, des exceptions sont possibles pour des raisons médicales, mais des rapports antérieurs et des documents gouvernementaux ont montré qu'il ne s'agit que d'exceptions extrêmement rares accordées

3

uniquement aux personnes dont les médecins disent qu'elles sont certaines de mourir d'une injection de Covid. Les maladies chroniques, les handicaps, la vieillesse et la plupart des allergies ne sont pas concernés.

Quel est le but de cette décision ?" écrit Steve Watson (Summit News). 'Faire littéralement mourir de faim les personnes qui refusent les vaccins ?'.

Autocollants et boutons jaunes

Ces derniers mois, des images choquantes ont été diffusées en France et au Chili, où des personnes ordinaires, y compris des personnes âgées, tentent d'entrer dans un supermarché ou un centre commercial, mais sont parfois arrêtées de manière très agressive. En Grande-Bretagne, le personnel d'un magasin a menacé d'appeler la police après qu'un homme qui bénéficiait d'une exemption officielle pour un masque buccal a refusé de porter un autocollant jaune. Peut-être cela vous rappelle-t-il quelque chose ?

L'année dernière, un médecin de la télévision américaine a préconisé d'obliger les enfants non vaccinés à porter un badge jaune. Au début de cette année, CNN a ouvertement propagé l'idée que les personnes non vaccinées devraient effectivement mourir de faim.

Les comparaisons avec l'Allemagne nazie et/ou l'Holocauste ne sont pas autorisées par les politiciens ou les médias, sans doute parce que les parallèles sont si effrayants.

Est-ce que la fête est finie ?

Si le peuple allemand ne se soulève pas en masse contre ces violations extrêmement graves des droits de l'homme et ces crimes de guerre "Impfen macht Frei", il prouvera qu'il est tombé dans le même piège qu'il y a 85-90 ans. Le même esprit noir qui s'est emparé de la plupart des gens à l'époque et qui a finalement rendu possible la Seconde Guerre mondiale et l'Holocauste est revenu, "avec une vengeance", pour remporter cette fois la victoire finale - bien que par d'autres moyens que les chars, les bombes et les soldats.

Et je crains que cette fois-ci, elle ne s'arrête pas à " seulement " 70 à 85 millions de morts dans le monde. Ce chiffre pourrait bien faire complètement pâle figure face au nombre monstrueux de victimes que la secte climato-vaccinale mondialiste "Great Reset" - Agenda 2030 - qui a pris le contrôle de la quasi-totalité de l'Occident en interne, menace de faire dans les années à venir.

L'ironie est que le groupe religieux dont le livre saint prédit littéralement tout ce qui se passe actuellement sous leurs yeux et qui devrait donc le crier sur les toits, à quelques exceptions près, ne veut rien entendre à ce sujet et coopère même souvent à l'établissement du système de "la Bête" par conviction.

Table des matières

Non vacciné = chômeur ?

Les compagnies aériennes restent partiellement à plat en raison de pénuries massives de personnel - Chicago perd la moitié de ses effectifs de police

Des informations objectives sur les vaccins ? Le PDG de l'agence de presse Reuters est membre du conseil d'administration de Pfizer - L'économiste Armstrong : *"Les gens peuvent faire tomber tout le système s'ils refusent simplement de coopérer".*

Aux États-Unis, les concepts de liberté et d'autodétermination semblent être beaucoup plus profondément ancrés dans les gènes que, par exemple, en Europe, qui se distingue une fois de plus par une docilité complaisante et naïve (à quelques exceptions près). Malgré une économie qui s'améliore rapidement, pas moins de 4,3 millions d'Américains ont démissionné en août, le chiffre le plus élevé depuis l'an 2000. Les secteurs de l'hôtellerie et du commerce de détail (moins 721 000 personnes) se vident, les compagnies aériennes doivent annuler de nombreux vols en raison du manque de personnel, et Chicago perd environ la moitié de ses forces de police à partir de ce week-end. La raison ? Les gens refusent avec pertinence de risquer leur santé et leur vie en se faisant injecter des injections expérimentales de thérapie génique Covid-19, très controversées.

L'industrie hôtelière américaine connaît un véritable exode, tant des employés que des clients. Martin Armstrong, économiste américain de renom, donne l'exemple de la fille d'un ami, qui avait deux emplois. Le jour, elle travaillait dans un magasin d'aliments naturels et le soir, elle était barmaid et serveuse. Au magasin, elle a démissionné lorsqu'une vaccination a été exigée. Maintenant que le propriétaire du bar l'exige également de ses employés, plus de 50 % d'entre eux menacent de démissionner.

Combien Pfizer et Moderna ont-ils payé les décideurs politiques et les médias ?

'De nombreux journalistes sont trop occupés à vendre la propagande du vaccin de Bidens', a ricané Armstrong à l'encontre des médias grand public. La FDA reconnaît les risques, mais dans toute sa sagesse, elle a annoncé qu'elle "croit" que les avantages l'emportent sur les inconvénients, sans expliquer ni donner le moindre avertissement à ce sujet, alors qu'elle le fait pour d'autres vaccins. Alors que la presse et le gouvernement ignorent les faits et les tendances, la question se pose : combien Pfizer et Moderna vous ont-ils payé ?

Si l'on considère que James C. Smith est le PDG de l'agence de presse internationale Reuters, chargée d'"informer" les gens sur les vaccins Covid, et qu'il est membre du conseil d'administration de Pfizer, on a une idée de l'énorme pouvoir des grandes entreprises pharmaceutiques sur les médias. Il ne faut donc s'attendre à aucune information objective, et encore moins critique, sur leurs produits.

Parce que, par exemple, le vérificateur de faits de Facebook est financé par le producteur de vaccins Johnson&Johnson.

La moitié des policiers de Chicago refusent l'injection

Le fait que la résistance n'est pas futile est également prouvé par John Catanzara, chef du syndicat de la police de Chicago. Cette semaine, il a appelé tous les officiers à ne pas se conformer à l'obligation d'enregistrer leur statut vaccinal en ligne. Environ la moitié des flics refusent de se faire injecter, laissant la ville de Chicago, déjà minée par la criminalité, avec une force de police réduite de moitié à partir de ce week-end.

Ce n'est pas l'Allemagne nazie", a protesté M. Catanzara en août lors de l'introduction de l'obligation de vaccination. Vous n'avez qu'à prendre une douche, les pilules ne vous feront pas de mal...". Bien sûr, lui aussi a été contraint de se rétracter sur la comparaison avec l'Holocauste.

À l'échelle nationale aussi, la sécurité va complètement à l'envers. Le nombre de meurtres a augmenté de près de 30 % l'année dernière (42 % depuis 2019, chiffres du FBI). Chaque jour, en moyenne, près de 2 fusillades de masse ont lieu. Les gens s'entretuent même pour une place de parking. À New York, des magasins entiers sont pillés.

Le personnel de sécurité et de vol reste chez lui en masse

Dans l'État du Massachusetts, 1500 "agents correctionnels" (gardiens de prison), soit la moitié du total, seront licenciés demain pour ne pas s'être fait "vacciner". L'État doit désormais faire appel à la garde nationale pour maintenir l'ordre dans les prisons. Au sein de l'autorité de sécurité aéroportuaire TSA, 4 employés sur 10 ne se sont pas fait injecter. Le 22 novembre, la date limite à laquelle tous les employés du gouvernement américain doivent avoir reçu leur "vaccin" Covid-19 expire.

En début de semaine, Southwest Airlines et United Airlines ont dû annuler de nombreux vols parce qu'un grand nombre d'employés ne s'étaient pas présentés en raison des vaccinations obligatoires. Les compagnies aériennes ont, bien sûr, vigoureusement nié que cela avait à voir avec la protestation contre l'obligation d'injection, mais, par exemple, la photo d'un avion de Southwest auquel les pilotes avaient accroché un drapeau de résistance "Don' Tread On Me" prouve que leurs patrons mentaient.

Les politiciens et les médias qui détruisent la vie des gens ne resteront pas impunis".

M. Armstrong estime qu'il s'agit d'une conséquence logique de la politique. Les politiciens feraient mieux de se réveiller, car en suivant le programme de la Grande Réinitialisation de Klaus Schwab et en détruisant délibérément la vie des gens pour satisfaire leur vision académique insensée et dominatrice du monde, ils mettent leur propre vie en danger. Même les journalistes feraient mieux de se réveiller et de se mettre du bon côté de la barrière. Vous détruisez complètement la vie des gens. Quand quelqu'un n'a plus rien à perdre, il devient la personne la plus dangereuse autour de vous".

Les licenciements massifs, soit dit en passant, font parfaitement le jeu des mondialistes de la Grande Réinitialisation occidentale/de l'Agenda-2030. Par exemple, le Forum économique mondial de Klaus Schwab prévoit déjà un taux de chômage permanent de 35 à 41 % d'ici quelques années si tous les plans climatiques (avec des lockdowns, des restrictions très sévères de la liberté et un niveau de prospérité décimé) sont mis en œuvre. Si des secteurs indésirables, tels que l'industrie aérienne, sont maintenant contraints de réduire leurs effectifs de manière permanente, on peut simplement en faire porter la responsabilité à toutes les personnes qui refusent d'être injectées. De cette façon, on peut faire d'une pierre plusieurs coups.

La résistance n'est pas futile

Nos dirigeants très respectés dans le monde, qui reçoivent très probablement de l'argent des lobbyistes de Pfizer, se rendent compte que la résistance n'est pas futile", poursuit M. Armstrong. 'Vous pouvez rendre les vaccins obligatoires et prétendre qu'ils sont sûrs à 100 %, mais la vérité finit toujours par éclater. Les gens peuvent faire tomber tout le système s'ils refusent simplement de coopérer.'

En gras, car c'est exactement ce que nous écrivons nous aussi depuis l'année dernière. Une révolution non-violente de type RDA-1989 est possible et même nécessaire, et de loin la meilleure option pour assurer la liberté, la prospérité et l'avenir de nous-mêmes et de nos (petits)enfants. Chercher une solution par et dans le système n'est plus possible, car il est devenu manifestement trop corrompu et malade. Le mal absolu ne peut être persuadé et vous ne pouvez pas négocier avec lui. Autant essayer de "convertir" le diable.

Armstrong : "Ils pensent que vous pouvez continuer à opprimer les gens sans qu'ils ne fassent rien en retour. Et s'ils manifestent, vous les frappez encore plus fort. C'est ainsi que se forgent les révolutions. Même le plus honnête des hommes volera de la nourriture s'il ne reste rien d'autre. Notre modèle prévient que la violence, déjà en forte hausse, va augmenter jusqu'en 2023... Les politiciens ont causé de sérieux dommages au peuple. La violence et la criminalité sont en hausse, souvent par frustration. Lorsque les gens sont en colère parce qu'ils perdent tout, vous ne voulez pas vous mettre sur leur chemin. Notre recommandation est la suivante : soyez très prudent si vous vivez dans une ville".

Un demi-million de morts dans l'UE ?

Les directeurs de pompes funèbres : Les victimes sont de plus en plus jeunes" - "Pourquoi devons-nous soudainement tous être traçables numériquement ?" - "L'ADN de toutes les personnes ayant subi le test PCR est maintenant dans la base de données" - Le statut vaccinal sera lié au compte bancaire

Nous nous sommes récemment plongés dans les statistiques officielles de l'UE (EudraVigilance). Selon ces chiffres, seuls 6% du nombre réel de victimes du vax apparaissent dans ces statistiques, en partie parce que - comme nous l'avons également écrit à plusieurs reprises - la déclaration de ces cas a été délibérément rendue très difficile et longue pour les médecins (environ 90 minutes par cas). Cela signifierait qu'en réalité, dans 10 mois, il y a déjà eu près d'un demi-million de décès par vax Covid dans l'UE - en bref, un massacre, un vaxicide pur et simple.

Les chiffres d'EudraVigilance "ont été corrigés sur la base de l'examen des systèmes de notification des effets indésirables dans 12 pays", explique Max von Kreyfelt (directeur du Café Weltschmerz). En fait, les chiffres du système de notification ne représentent que 6 % de la réalité". Ce chiffre de 6 % seulement est principalement "dû à des blocages dans le système de déclaration lui-même", poursuit M. Kreyfelt. Chaque patient ou décès nécessite environ une heure et demie pour être signalé par les médecins, et ils n'ont pas ce temps. Il est donc logique qu'il y ait une telle sous-déclaration".

En outre, nous avons dû constater que dans de nombreux hôpitaux, il existe également une culture du silence. Nous supposons donc que les chiffres que nous citons sont à la limite du réel. Et quel est le but de tout cela ?

AstraZeneca : 93 833 décès.

Les statistiques d'EudraVigilance d'AstraZeneca montrent que plus d'un million d'événements indésirables graves ont été enregistrés chez plus de 390 000 personnes. Rien que la semaine dernière, 8755 personnes ont été ajoutées. Nombre de décès enregistrés par le système de notification : 5630, soit une augmentation de 77 en une semaine. Selon ce tableau, 1,4 % de toutes les personnes présentant des effets indésirables meurent.

Mais comme nous pouvons supposer avec certitude qu'il y a un taux de sous-déclaration de 94 %, on arrive à un nombre réel de 93 833 décès et de 6,5 millions de cas individuels. Donc, la semaine dernière, 1283 personnes sont mortes à cause du vaccin AZ.

Pfizer : près de 214 000 décès

Avec le "vaccin" le plus utilisé par Pfizer, 1 124 072 effets indésirables ont été détectés chez plus de 485

000 personnes, dont 12 835 sont décédées (2,6 %). En réalité, nous parlons de 8,1 millions de cas individuels et de près de 214 000 décès". (Cela correspond aux conclusions d'un expert statistique américain qui a analysé les chiffres de la FDA/CDC et est arrivé à un chiffre de 150 000 décès dus à Pfizer aux États-Unis).

En 2009, nous avons connu la même histoire avec la grippe porcine et tous les "vaccins" contre cette maladie. La FDA américaine a alors interrompu tout le programme de vaccination après 25 décès. Si vous regardez ensuite comment les choses se passent maintenant dans l'UE ... C'est tout simplement terrible.

Moderna : 122 000 morts

Pour Moderna, il y a 132 122 cas individuels avec une moyenne de 2,5 effets secondaires, et 7320 décès enregistrés. Converti, nous parlons de 122.000 personnes qui sont mortes de la piqûre de Moderna. Nous ne parlons ici que d'une période de 8,5 / 9 mois. 5,5% des personnes enregistrées dans le système officiel avec des effets indésirables meurent (une chance sur 18).

Janssen (J&J) : 24 283 décès.

Le "vaccin" de Janssen/J&J provoque officiellement 2,7 effets indésirables par personne et 4,7 % de décès. (En réalité, 24 283 décès ont été convertis).

Total (dans 27 pays de l'UE) : près de 43 millions d'effets indésirables dans plus de 17 millions de cas individuels, dont près de 895 000 au cours de la semaine écoulée. (Ce qui donne un total de plus de 454 000, soit près d'un demi-million de décès par vaccin en Europe dus aux injections de Pfizer, Moderna, AstraZeneca et J&J)

Bien sûr, il y en a : c'est déjà l'un des pires crimes contre l'humanité de toute l'histoire. Un génocide vaccinal, un vaxicide, qui, s'il n'est pas arrêté immédiatement, menace de se transformer rapidement en un Holocauste 2.0.

Les grands pays comme la France, l'Italie et l'Allemagne comptent chacun environ quatre fois plus d'habitants, mais moins de la moitié du nombre de rapports. C'est étrange, bien sûr, car le taux devrait être à peu près le même dans chaque pays. En même temps, cela confirme qu'il existe une sous-déclaration moyenne aussi importante, comme le montre également le rapport dont je vais parler dans un instant.

63,1 % de la population de l'UE est désormais "entièrement vaccinée". Si l'on considère le nombre réel corrigé de décès dus à la vaccination, soit plus de 454 000, cela signifie qu'une personne vaccinée sur 625 meurt.

Les gens continuent à dire que ça ne peut pas venir des "vaccins".

Cela a-t-il un rapport avec la coopération des médecins et du personnel soignant dans toute cette affaire de Covid/vaccination ? Ces chiffres ont-ils à voir avec les efforts du personnel, qu'il déclare ou non ?

Nous avons eu des conversations personnelles avec des gens qui nous ont dit que si vous suggérez qu'un décès ou un symptôme de maladie est le résultat de cela, ils disent très rapidement que cela ne peut pas venir des vaccins.

Une méta-étude prouve une sous-déclaration de 94%.

Le Lareb/EudraVigilance aux Etats-Unis est appelé le système VAERS, comme nos lecteurs le savent. Ce système a été étudié il y a quelque temps par l'Université de Harvard. Leur rapport indiquait que moins de 1% des décès dus aux vaccins (effets indésirables, malades, handicapés et morts) sont déclarés. Récemment, deux scientifiques ont examiné 37 études sur les systèmes de déclaration dans 12 pays. Elles montrent un taux moyen de sous-déclaration de 94 %. Compte tenu de ce que nous venons d'examiner, il est extrêmement plausible que cela soit vrai dans toute l'UE".

Pourquoi avons-nous soudainement besoin d'être traçables numériquement ?

Ce faisant, quand on voit toutes ces choses incompréhensibles comme un passeport de vaccination avec un code QR, où des pans entiers de la population sont exclus des relations sociales normales, je me demande vraiment ce qui se cache derrière tout cela. Et pourquoi tous ceux qui possèdent un tel code QR doivent-ils soudainement être traçables numériquement ?

Mais si vous regardez la situation dans son ensemble, vous voyez toutes sortes de choses qui se passent dans le monde et qui font que nous devons soudainement être traçables numériquement. Le code QR qui doit être mis sur une application dans notre téléphone, avec toutes nos données privées. Cela nous rend également traçables. Par exemple, je suis en contact avec vous en ce moment. Quelqu'un peut le voir à distance parce que nous avons tous les deux un téléphone".

Il y a d'autres pistes. L'OMS, dont nous savons que Bill Gates est le principal bailleur de fonds, a publié un rapport (d'une centaine de pages) avec une photo montrant des vaccins, un panneau WiFi, une (micro)puce, un ordinateur portable, une base de données centrale, une photo de virus et trois aspects de contrôle. Tout d'un coup, apparemment, nous devons tous être capables d'être suivis et tracés".

Ensuite, nous voyons une publicité de l'une des grandes banques (HSBC) qui dit : "Votre ADN sera vos données". L'ADN de toutes les personnes qui ont reçu un tel test PCR dans le nez se trouve maintenant dans une base de données.

Identité numérique et brevet Microsoft : Le statut vaccinal lié au compte bancaire

La Commission européenne est en train de mettre au point une identité numérique / un portefeuille numérique pour chaque citoyen. Cette identité sera liée à des documents tels que le passeport, le permis de conduire, les diplômes, le certificat de mariage, les comptes bancaires, etc. Et tout est financé avec l'argent de nos impôts (qui va aussi à l'OMS et donc à Bill Gates), comme si nous le voulions. Le voulons-nous ? Je ne veux pas être traçable numériquement partout".

Ensuite, il y a le brevet de Microsoft dont nous avons parlé ici au début des années 2020, dans lequel le corps humain est lié à un système de crypto-paiement numérique (5G/6G) global, et votre propre corps devient votre porte-monnaie.

Les "vaccins" d'aujourd'hui contiennent des nanoparticules qui lieront sûrement les corps des personnes injectées à ce système. Comme vous le savez, il s'agit à notre avis du système de la Bête, actuellement en construction, qui est déjà testé en Afrique.

En d'autres termes, votre argent finira par devenir une crypto-monnaie numérique, à laquelle vous n'aurez accès que si vous et votre corps remplissez un certain nombre de conditions. " Et nous pouvons tous deviner ces conditions : il s'agit des injections de thérapie

génique actuelles et de beaucoup d'autres à venir,
emballées comme des " vaccinations ". Et bien sûr,
toutes sortes d'autres formes de "bon comportement",
comme ne pas critiquer le gouvernement (= système de
crédit social).

Pas de "signe" ? Pas de vie

En bref : bientôt, vous ne pourrez plus acheter ou
vendre sans ce "signe" dans votre propre corps, le signal
numérique (nano) contrôlé à distance qui indique que
vous avez reçu vos piqûres, et donc que vous avez accès
à la société (et qui, à terme, deviendra même une
condition pour avoir le droit de rester en vie).

Les victimes des vaccins ?

euthanasie massive délibérée des personnes âgées" - **"Le gouvernement a créé une société nazie"** - *"Tout le monde sait que la Delta n'est pas un virus, mais un dommage causé par les vaccins"* - **"Les non-vaccinés seront blâmés si les enfants commencent à mourir de ces injections".**

La fameuse vidéo ci-dessous, qui présente une interview du directeur d'une entreprise de pompes funèbres britannique, devient "virale". Le directeur, John O'Looney, fait des révélations choquantes sur la façon dont les hôpitaux et les maisons de retraite tuent des patients pour le compte du gouvernement au nom du "Covid", et sur le fait qu'il y a eu un flux constant de décès, mais pas de personnes non vaccinées, plutôt de vaxxers qui sont morts après leurs injections. Ces victimes, dit-il, sont faussement classées par le gouvernement et les médias dans la catégorie "Delta".

O'Looney travaille dans le secteur funéraire depuis 15 ans, et est directeur de Family Funeral Services à Milton Keynes depuis 5 ans. En novembre 2019, on lui a montré une morgue mobile spéciale pandémie dans un hôpital de Northampton, car "quelque chose de terrible se prépare". (C'était donc 2 mois après " l'événement 201 ", où la pandémie actuelle de corona a été planifiée à la perfection, mais avant l'épidémie officielle en janvier 2020).

Toutes les personnes décédées devaient être étiquetées comme Covid, mais il n'y avait plus de mortalité.

Au début de la p(l)andémie, la BBC locale lui a demandé de réaliser un reportage sur place. Il s'est senti mal à l'aise avec les exigences inhabituelles, comme le port d'un masque buccal. J'ai travaillé pour le coroner pendant 7 ans, et la seule fois où j'ai porté un masque buccal, c'était lorsque le défunt était mort depuis un certain temps, pour bloquer l'air. Cela ne vous protège de rien, et encore moins d'un virus".

Avec le recul, il regrette d'avoir collaboré, car l'interview "a été utilisée par la BBC pour répandre l'hystérie. Maintenant, je peux m'en vouloir, car ce n'est tout simplement pas vrai. Très vite, les entrepreneurs de pompes funèbres ont paniqué, car il n'y avait pas de décès à venir. Et les décès qui se produisaient étaient délibérément qualifiés de "Covid". Mais il n'y a eu absolument aucune augmentation de la mortalité, chez aucun d'entre nous.

Des milliers de personnes sont euthanasiées dans les maisons de retraite.

Ce n'est qu'en mars/avril 2020 qu'il y a eu un bref pic. Pendant trois semaines, j'ai reçu des appels successifs de maisons de retraite. Toutes ces personnes décédées étaient étiquetées comme Covid... J'ai découvert qu'au cours de cette période exactement, il y a eu une augmentation de 1000% de l'utilisation du midazolam (médicament bien connu en soins palliatifs). Ceci est très largement et clairement documenté."

Je n'ai pas vu non plus de respirateur. Donc il n'y avait pas besoin de surdosage, de sédation lourde pour être intubé. Donc je soupçonne que dans ces maisons de retraite, des milliers de personnes ont été tuées, ont été euthanasiées avec du midazolam.... Cela a déclenché une sonnette d'alarme pour moi.

Ce qu'ils ont dit qu'il se serait passé est impossible. Les virus ne ciblent pas exclusivement les maisons de retraite. Elles sont pleines de gens qui ne savent pas dire 'non'. Un soignant d'un autre hôpital lui a confirmé que d'énormes quantités de midalozam avaient été utilisées partout.

Il n'y a tout simplement pas eu de décès dus au Covid.

Un envoyé pandémique du gouvernement est alors entré en scène, veillant à ce que tous les décès normaux - vieillesse, cancer, etc. - apparaissaient dans les statistiques comme des victimes du "Covid". On nous a dit que. Tout le monde, même un homme qui avait été renversé, TOUTES les morts possibles étaient listées comme des morts Covid. Mais ce n'était pas le cas. J'ai reçu des familles en colère qui savaient que leur proche était mort d'un cancer en phase terminale, mais qui devaient être étiquetées comme 'Covid'.

Le type de la pandémie m'appelait chaque semaine pour me parler des chiffres. Il m'a avoué personnellement qu'il ne savait pas pourquoi il faisait ce travail, parce qu'"'il n'y a pas de décès dus à Covid, et tout le monde le confirme". Peu après qu'ils aient commencé à vacciner, il a cessé d'appeler. Donc apparemment, il n'y a plus besoin d'enregistrer les décès dus au Covid'.

'Donc, même s'ils ont essayé d'augmenter le nombre (de décès) par le biais des maisons de retraite, 2020 a été plus calme que 2019 en termes de décès. Nous n'avons pas eu plus de crémations et d'enterrements que la normale. Les statistiques gouvernementales montrent qu'il n'y a pas eu de réelle augmentation.'

Un pic de mortalité dû aux causes réelles : injections, midalozam et cancer non traité".

Comme on ne nous disait pas la vérité, j'ai commencé à soupçonner quelque chose et j'ai dit aux gens que s'ils commençaient à vacciner en janvier, la mortalité augmenterait. Tout le monde s'est moqué de moi, mais exactement après avoir commencé à vacciner le 6, le taux de mortalité est devenu extrême. Je n'avais jamais connu une telle chose en 15 ans, et c'est aussi le cas de tous ceux à qui j'ai parlé. C'était horrible.

Cette fois, il s'agissait d'un mélange de tous les âges et de tous les lieux, pas seulement des maisons de retraite. La plupart d'entre eux, d'ailleurs, dans les hôpitaux, si je suis honnête. Ce sont des chiffres de pandémie, mais seulement après qu'ils aient commencé les vaccinations, et jamais avant. Ces personnes ont été étiquetées comme mortes de façon aussi covide que possible. Je soupçonne que la grande majorité d'entre eux étaient des décès dus aux vaccins, ou peut-être des overdoses de midalozam, ou peut-être dus à la négligence des soins. De nombreuses familles m'ont dit que leurs proches étaient morts du cancer parce qu'ils n'étaient pas autorisés à être examinés. Ils ne pouvaient pas prendre de rendez-vous pour des scanners, etc. Ils n'étaient pas examinés".

En avril, la vague de décès due aux vaccins s'est soudainement arrêtée, et "après cela, nous avons littéralement connu la période la plus calme que j'ai jamais vécue. Pour la première fois en 5 ans, nous subissions des pertes, car plus personne ne mourait. Et pas seulement chez moi, mais aussi dans les autres pompes funèbres".

Le taux de mortalité augmente à nouveau, presque sans tenir compte des personnes vaccinées.

Il y a trois semaines, le taux de mortalité a recommencé à augmenter. Je vois maintenant des personnes de tous âges, et elles sont TOUTES presque exclusivement des bénéficiaires de vaccins. Les causes sont principalement des crises cardiaques, des maladies cardiaques soudaines non détectées, des caillots sanguins, des accidents vasculaires cérébraux et des défaillances d'organes multiples. L'autre jour, j'étais au salon de coiffure. Ils étaient de mauvaise humeur car l'un des coiffeurs, âgé de 23 ans, était mort une heure après sa deuxième injection. Une crise cardiaque. Je connais une autre personne dont le père est devenu paralysé presque immédiatement après sa vaccination. Trois semaines plus tard, ils lui ont quand même fait sa deuxième injection, et le lendemain, il était mort. La mère d'un autre monsieur qui est venu me voir est devenue aveugle presque immédiatement."

Depuis que j'ai révélé cela, personne ne veut me parler. Le silence de la BBC est assourdissant. J'encourage peut-être l'hystérie, mais maintenant que j'exprime mes inquiétudes et que je constate une série de décès directement liés aux vaccins, personne ne veut en parler. Et ce, en dépit du fait qu'une foule de personnalités très éminentes, dont des milliers de médecins, de professeurs, de virologues, de consultants et d'infirmières du monde entier, disent tous la même chose".

Au sein du NHS, il est de notoriété publique que la variante Delta n'est pas un virus, mais un dommage causé par le vaccin.

Le gouvernement semble tout de même pousser à bout. Ils font du chantage, obligent et forcent les gens à s'y soumettre, créant une société nazie divisée pour une pandémie qui n'existe pas. Et la variante Delta ? Je peux vous dire qu'elle est largement connue du NHS

(National Health Services / Institut national britannique de la santé publique) comme un dommage causé par le vaccin. Ce n'est pas un virus, c'est un dommage dû au vaccin".

En tant que directeur de pompes funèbres, je peux vous dire qu'on vous a raconté un mensonge très sophistiqué pour convaincre tout le monde que les gens tombent malades et qu'il y a un virus dangereux, et que vous auriez besoin d'une injection "salvatrice". Mais la véritable mortalité dans les maisons de retraite était due au midalozam, et en plus à la ré-étiquette délibérée de chaque mort normale comme mort de Covid. Puis nous avons eu la mortalité extrême après qu'ils aient commencé à vacciner. Et c'est absolument à 100% à cause de ça.

À chaque famille qui vient me voir maintenant, je demande si leur proche a reçu une injection. Il s'avère que dans tous les cas, cela s'est produit deux fois, mais les gens disent alors que cela ne peut pas être à cause de cela car cela a été fait 'déjà' il y a 8 semaines. Ils ne voient tout simplement pas le lien, alors que moi, je le vois - systématiquement".

Bientôt, les enfants seront malades et mourront à cause de ces injections.

Deux choses vont bientôt se produire. Ils injectent déjà des enfants et proposent de nouvelles "variantes". Chaque mois, une nouvelle "variante". Elles n'existent pas, mais l'idée est que vous vous habituez à leur présence. Que va-t-il arriver à ces enfants vaccinés ? Ils tomberont malades, d'autres enfants mourront en conséquence directe de ces injections. Ceux-là seront bientôt étiquetés comme une nouvelle "variante". À la télévision, vous verrez un défilé d'acteurs de crise et de parents en deuil qui vous inciteront à vous faire vacciner " pour protéger les enfants ". C'est une certitude que cela va se produire, une certitude à 100%, sans aucun doute'.

Mais regardez autour de vous, presque toutes les personnes qui meurent aujourd'hui autour de vous ont été vaccinées. Tout directeur de funérailles ayant ne serait-ce qu'une once d'intégrité et d'honnêteté vous le dira. Déjà 45 directeurs et employés qui travaillent dans le secteur funéraire m'ont contacté et savent parfaitement ce qui se passe. Ils sont tous terrifiés. S'ils (le gouvernement) sont prêts à tuer des gens de cette façon, je soupçonne qu'ils n'hésiteront pas une seconde à faire taire des gens comme moi. Mes jours sont comptés parce que j'ose dire la vérité".

Il n'y a pas de pandémie de Covid, il s'agit d'un programme de dépopulation.

La réalité est qu'il n'y a pas de pandémie de Covid. Tout est fait pour que vous y croyiez et que vous preniez le vaccin. Savez-vous combien d'enfants sont morts ici dans un rayon de 80 à 80 km de Covid ? Pas un seul. Pour autant que je sache, pas un seul enfant n'est mort du Covid. Et je peux le savoir, parce que ce serait (dans mon secteur) une grande nouvelle".

Il n'y a donc aucune raison d'injecter cette thérapie génique à des enfants. Absolument pas. C'est absolument indéfendable. Le fait qu'ils fassent pression sur des enfants de 12 ans pour qu'ils donnent leur consentement - alors qu'à cet âge, ils ne peuvent pas consentir à des relations sexuelles, acheter une bière, se marier et voter - résume assez bien ce qui se passe, n'est-ce pas ? Il s'agit d'un programme de dépopulation. Ils attaquent sur deux fronts : 1) tuer des gens, et 2) stériliser ou handicaper des enfants, pour s'assurer qu'ils n'auront pas d'enfants à eux plus tard'.

Si un enfant de 12 ans reçoit une injection, quand l'infertilité apparaîtra-t-elle ? S'ils ne meurent pas ou ne tombent pas malades, il faudra attendre 10 ans pour que les gens commencent à voir clair. Je vous dis que je suis totalement convaincu que cela se fait maintenant. Je parle également à un nombre sans cesse croissant de victimes du devenir (des vaccins), d'infirmières, de médecins et de directeurs de funérailles, qui s'adressent à moi parce qu'ils n'ont nulle part où aller. Personne ne les écoute. Ils sont opprimés et soumis à un chantage. Ils sont obligés de faire la queue pour une piqûre mortelle'.

Un spécialiste du NHS : Ne jamais prendre une telle injection extrêmement dangereuse

Une pléthore de médecins spécialistes du NHS m'ont confirmé que les décès ne sont pas dus à la Delta, mais aux vaccins. L'un d'eux m'a dit : "S'il te plaît, John, ne touche pas à ces (vaccins). N'en prends jamais un, car ils sont extrêmement dangereux". Il m'a dit que pendant les phases de test, ils avaient besoin de 200 singes rhésus par semaine, car ils étaient tous en train de mourir. Ils ont donc arrêté les tests sur les animaux. Mais ils injectent ce même produit dans VOS veines dans les centres de prélèvement. En échange, on vous offre un kebab ou un taxi gratuit, ou une réduction de votre peine de prison.

Les gens subissent un lavage de cerveau et sont terrifiés pendant 18 mois.

"Ce n'est pas bien ! Ce n'est pas normal ! Pourquoi les gens ne le voient-ils pas ? Il y a des gens qui se promènent partout maintenant et qui sont tellement convaincus, après avoir subi un lavage de cerveau pendant 18 mois, qu'ils y croient et sont terrifiés, et que des enfants se rendent à l'école à découvert avec des protège-dents, ou que des gens en portent dans leur voiture. Ils sont tous terrifiés. Mais on ne leur dit pas la vérité, et la vérité est que ce sont ces injections qui font des dégâts et qui tuent des gens. En tant que directeur de pompes funèbres, je vois cela de première main. Je dois le dire, car si je ne mets pas la tête au-dessus du parapet et ne me sacrifie pas, qui le fera ?

Les personnes non vaccinées seront placées dans des camps et expulsées.

Pendant ce temps, d'énormes centres de détention ont été mis en place dans le monde entier. Nous sommes maintenant au point où l'économie mondiale est à l'arrêt, et pourtant ils ont trouvé de l'argent pour construire ces super prisons... A quoi pensez-vous que ces camps servent ? Ils sont destinés aux personnes qui ne veulent pas se faire vacciner. Ils les mettent dans ces camps de quarantaine / FEMA, et je vous dis que vous serez ensuite rapidement éliminés et appelés "morts du Covid".

À titre d'exemple dans sa région, O'Looney cite le HMP Wellingborough, qui pourrait accueillir 30 000 personnes. Leicester disposerait d'un autre établissement aussi énorme, avec morgue et crématorium. A quoi servent tous ces camps ? Dites-le nous. Pourquoi avons-nous besoin de ces installations et de ces bâtiments... Je pense que c'est pour les gens qui refusent d'accepter ces injections létales.

Les adeptes du vaxx meurent dans les cinq ans, on vous le reprochera".

Au cours des cinq prochaines années environ, vous allez voir mourir presque toutes les personnes que vous connaissez et aimez qui ont reçu le vaccin. J'ai entendu cela de la part d'éminents spécialistes bien plus qualifiés que moi, des personnes très respectées et universellement louées. En tant que directeur de pompes funèbres, j'en vois les prémices maintenant, des gens qui ont la quarantaine, la cinquantaine et même la trentaine, des gens qui ne devraient pas avoir à mourir. Ils ne devraient pas avoir de maladies cardiaques et d'accidents vasculaires cérébraux, mais c'est ce qui se passe".

Et maintenant, ils se concentrent sur les enfants. Quand les gens se réveillent-ils ? Dès que les enfants meurent ? Ou croiront-ils que c'est à cause d'une nouvelle variante ? Car c'est ce qu'ils diront. Ils diront que "cette nouvelle variante affecte particulièrement les enfants et que nous devons les protéger". Alors il peut y avoir une obligation (vaccinale), et la chasse aux personnes pour remplir ces énormes centres de quarantaine commence."

Nous sommes les seuls à pouvoir encore nous sauver.

Les seuls qui peuvent encore nous sauver ? Nous-mêmes", dit O'Clooney. Mais nous devons dire NON en masse et nous soulever pacifiquement. Les manifestations et les grèves qui ont eu lieu ne suffisent pas. Le pouvoir réside dans le nombre. Collectivement, vous avez le pouvoir. Bientôt, les gens seront traînés hors de chez eux et emmenés dans ces camps. Combien de personnes dans votre rue sortiront alors pour arrêter cela ? Si vous ne vous aidez pas vous-même, personne d'autre ne le fera. Ensuite, vous serez rassemblés dans ces camps, puis il y aura une 'épidémie de Covid', et les gens seront emmenés (morts)".

C'est maintenant qu'il faut faire quelque chose. Dans 12 mois, depuis une cellule de prison, cela n'a aucun sens de regarder en arrière et de regretter de ne pas avoir fait quelque chose pour sauver les enfants. Levez-vous, parlez fort, où que vous travailliez. Vous le devez à votre prochain.

Et savez-vous que le serment d'Hippocrate a été modifié en 2001 ? La phrase "Je ne ferai aucun mal" a été retirée. Cela leur donne maintenant la permission de faire du mal aux gens. J'ai parlé à des infirmières à qui leurs supérieurs ont dit d'administrer des doses létales de 60 mg de midazolam à des patients qui n'étaient même pas en train de mourir, mais qui avaient été étiquetés "Covid" de manière totalement erronée et non scientifique par un test PCR".

"Vos enfants aussi sont maintenant visés - allez-vous permettre cela ?

Les gens, qu'avez-vous encore besoin d'entendre ? Maintenant, ils visent même vos enfants. Allez-vous permettre cela ? Allez-vous vous résigner et les laisser vous emmener dans un camp ? Ce n'est que lorsque vous travaillez ensemble, collectivement, que vous pouvez faire la différence... Ils font du chantage, ils forcent, ils obligent, vous ne pouvez pas travailler, vous ne pouvez pas rendre visite à votre mère, vous ne pouvez pas voyager, vous ne pouvez pas sortir, vous ne pouvez pas aller sur un terrain de jeux - ce sont des droits humains fondamentaux que vous avez perdus. Et cela ne peut se terminer que d'une seule façon : on vous traîne hors de chez vous et on vous met dans un camp d'internement".

Alors, agissez. Je n'encourage pas la commission de crimes, mais vous (en Australie, d'où vient l'interviewer) êtes victimes de crimes. Que devez-vous faire ? On vous ment à propos de Covid... Et vos familles sont tout aussi importantes que la mienne. Si c'est mon cadeau au monde et que je me fais nettoyer, qu'il en soit ainsi".

Un contrôle total ?

Et la (Bête) fait que soit donnée à tous, petits et grands, riches et pauvres, libres et esclaves, une marque... et que personne ne puisse acheter ou vendre, si ce n'est celui qui a la marque.

La dictature la plus dure, la plus inhumaine et bientôt aussi la plus sanglante que cette planète ait jamais connue, que j'appelle systématiquement le " système de la Bête " dans lequel personne ne peut " acheter ou vendre " sans " la piqûre ", est en train de se mettre en place à une vitesse folle comme prévu afin d'empêcher la partie de la population qui s'éveille de se rebeller. À partir du 15 octobre, le gouvernement italien exige une preuve de vaccination/test négatif pour TOUS les employés, pas seulement ceux du gouvernement. Les personnes qui refusent seront mises en suspension sans salaire. En Slovénie, les gens ne peuvent même plus faire le plein d'essence ou aller au supermarché sans un code QR, une mesure que l'UE souhaiterait adopter à court terme.

Les personnes qui se présentent au travail sans carte verte se voient infliger une amende comprise entre 600 et 1 500 euros. L'Italie est le premier pays à rendre le passeport vaccinal obligatoire pour tous les employés. Bien que le passeport soit également valable si vous pouvez présenter un test négatif ou une preuve de guérison après le Covid (anticorps), on peut supposer qu'une fois le passeport largement introduit, sa validité sera limitée aux seules injections de Covid.

Le week-end dernier, des manifestations de grande ampleur ont à nouveau eu lieu dans 120 villes italiennes. En mars dernier, le personnel de santé devait être "vacciné". Jusqu'à présent, 728 médecins qui ont refusé ont été renvoyés chez eux. En France, environ 3 000 travailleurs de la santé ont été suspendus pour avoir refusé les injections de Covid.

Slovénie : un laissez-passer pour les vaccins est nécessaire pour faire le plein, l'UE veut adopter cette mesure

En début de semaine, la police slovène de Ljubljana a utilisé des gaz lacrymogènes et des canons à eau pour disperser une manifestation de masse contre le certificat de "vaccination" obligatoire. Ce laissez-passer vax est nécessaire pour accéder aux magasins et même pour faire le plein d'essence.

L'économiste américain Martin Armstrong écrit que ses sources lui ont dit que l'UE veut adopter ces mesures, de sorte que d'ici quelques mois, vous ne pourrez "acheter ou vendre" n'importe où en Europe qu'avec un QR code / vax pass.

La logique et le bon sens ont disparu

Ils essaient de transformer complètement l'Europe en un nouvel État communiste", répond l'économiste américain Martin Armstrong (2). Une grande partie de l'humanité est manifestement incapable de penser par elle-même. Derrière les caméras de télévision, les politiciens se moquent de la facilité avec laquelle il est possible de tromper ces gens en permanence. Les contradictions n'ont jamais d'importance. La logique a disparu, et le bon sens n'a peut-être même jamais existé. Ils ont prouvé les expériences de (Stanley) Milgram à grande échelle".

Le psychologue Milgram de Yale a prouvé dans les années 1960 que l'obéissance aveugle du peuple allemand aux nazis n'était en aucun cas une exception unique, mais que tout être humain est incroyablement rapide et facile à répondre par la même obéissance servile à une autorité autoritaire, même si cette autorité exige que d'autres personnes soient blessées et lésées. La seule chose qui permet aux gens de franchir le seuil de participation aux violations des droits de l'homme et à la torture est l'affirmation répétée "nous le faisons (ensemble) pour une bonne cause", "c'est nécessaire pour la sécurité/la santé publique", etc.

Eh bien, il suffit de regarder autour de vous, et de voir à quel point la couche d'humanité semble être d'une finesse stupéfiante, même dans notre pays. Nous l'avons déjà écrit au printemps 2020 : si ce " Grand Réinitialisation " / Agenda-2030 climatique-vaccination n'est pas arrêté, si les gens refusent toujours de se réveiller maintenant, cela se terminera par une tragédie bien plus grande que dans les années 1930 et 1940.

Un réel danger

Le meilleur scénario (très prudent) : *Pour tout vaccin administré, il y a CINQ fois plus de décès chez les personnes de plus de 65 ans que pour le Covid-19"* - **Jusqu'au 11 septembre, près de 25 000 décès officiels dus aux "vaccins" Covid dans l'UE - "Les CDC reconnaissent 94 % de diagnostics erronés ; le** *nombre réel de décès dus au Covid-19 est à comparer avec la saison de grippe (très) bénigne".*

Science Direct a publié une étude complète et préliminaire réalisée par une équipe de scientifiques américains, roumains, italiens, russes et grecs, qui conclut, sur la base de toutes les données et de tous les faits disponibles à ce jour, que les enfants sont beaucoup plus exposés aux "vaccins" Covid-19 qu'au (supposé) "nouveau" virus Corona.

Les auteurs confirment que ce sont presque exclusivement les personnes âgées souffrant d'un large éventail de pathologies sous-jacentes qui meurent du Covid-19, que le nombre de victimes parmi les enfants est "négligeable" et que les conséquences à long terme de ces injections n'ont pas du tout été étudiées. Elle confirme également que les "vaccins" font un très grand nombre de victimes et qu'ils tuent également un nombre "non négligeable" d'enfants. Ainsi, TOUS préconise l'arrêt immédiat de ces injections.

Le titre de l'étude est révélateur : "Pourquoi vaccinons-nous les enfants contre le Covid-19 ? La question s'avère être en même temps la réponse, car tous les faits et toutes les données montrent que l'injection des enfants est non seulement complètement inutile, mais qu'elle met leur santé et leur vie en danger bien plus que le soi-disant virus corona, qui - à de très rares exceptions près - est en fait inoffensif pour eux.

Pour chaque injection, il y a au moins CINQ fois plus de personnes âgées qui meurent qu'avec Covid'.

L'article scientifique fait complètement table rase de la façon dont ces injections ont été faites et sont réalisées. Les essais cliniques pour ces vaccinations étaient très courts (quelques mois), utilisaient des échantillons qui n'étaient pas représentatifs de la population totale, et avaient une faible valeur prédictive pour les adolescents/enfants en raison de leur petite taille. En outre, les essais cliniques ne portaient pas sur les modifications des biomarqueurs qui pourraient être des indicateurs d'alerte précoce d'une prédisposition accrue à des maladies graves."

'Extrêmement important : les *essais cliniques n'ont pas examiné les effets à long terme qui, s'ils sont graves, peuvent devoir être supportés par les enfants/adolescents pendant des décennies. '*

Une nouvelle analyse coûts-avantages du meilleur scénario a montré que - de manière très prudente -

pour chaque vaccination, il y a cinq fois plus de décès chez les personnes les plus vulnérables de 65 ans et plus que pour le Covid-19. Le risque de mortalité lié au Covid-19 diminue de manière spectaculaire avec l'âge. L'impact à long terme des vaccinations sur les populations plus jeunes peut augmenter considérablement leur rapport risque/bénéfice.

Il ne s'agit pas d'un vaccin, mais d'un "traitement" présentant un grand nombre d'effets secondaires graves.

Jusqu'en 2020-2021, il était légal qu'un médicament ne puisse être appelé "vaccin" que s'il a été démontré qu'il protège les personnes contre une ou plusieurs maladies et infections.

Ces exigences ont été complètement abandonnées pour les injections de Covid. Dans la suite de cet article, nous utilisons le terme "vacciné" plutôt que "vacciné" car le matériel injecté dans les injections actuelles de Covid-19 ne prévient ni l'infection virale ni la contamination", écrivent les scientifiques.

Puisque sa principale fonction dans la pratique semble être la suppression des symptômes, il s'agit opérationnellement d'un "traitement".

Les essais cliniques n'ont pas permis de prévoir la gravité des effets secondaires survenus à ce jour (tels que rapportés par le VAERS), ni l'ampleur potentielle des dommages présymptomatiques sous-jacents qui se sont produits et qui résultent des vaccinations.

Nous résumons ici les effets secondaires qui se sont déjà produits à la suite de ces vaccinations de masse, et nous présentons des preuves biologiques de l'apparition potentielle de nombreux autres effets secondaires à moyen et long terme". (L'annexe A donne une idée de l'ampleur de la sous-notification par le VAERS des effets indésirables après les vaccinations et présente des estimations du nombre réel de décès post-vaccination, basées sur l'extrapolation des résultats du VAERS à partir de l'expérience réelle.

Le nombre réel de décès dus au Covid est "comparable à celui d'une saison de grippe bénigne".

Les scientifiques soulignent ensuite, à l'aide de faits concrets, que le nombre de décès dus au Covid rapporté par les médias est extrêmement exagéré. Le CDC a récemment admis que 94 % du nombre de décès attribués au Covid-19 pourraient aussi bien être attribués à l'une des comorbidités. Le nombre réel de décès dus au Covid aux États-Unis semble donc être de l'ordre de 35 000 ou même moins, ce qui est caractéristique d'une saison de grippe bénigne. (gras ajouté)

Et même ce chiffre de 35 000 pourrait être surestimé. Cela s'explique par le fait que de nombreuses personnes décédées souffraient d'affections précliniques (affections sous-jacentes préexistantes). Si ces conditions précliniques avaient été prises en compte et sont également liées au nombre de faux positifs, l'estimation du CDC de 94 % de diagnostics erronés serait nettement plus élevée.

En d'autres termes, la saison de la grippe, déjà "clémente", le serait encore plus, et le virus "tueur" de statut corona A présenté par les politiciens et les médias ne serait en réalité pas plus dangereux qu'un simple rhume, qui, comme pour presque tous les virus respiratoires, ne menace qu'un faible pourcentage des personnes faibles.

La tricherie avec les phases d'essais cliniques

L'équipe critique aussi sévèrement les phases des essais cliniques. Étant donné que, dès le départ, le Covid touchait presque exclusivement des personnes âgées à la santé fragile et ne présentait que peu ou pas de danger pour les jeunes générations, les essais auraient dû cibler des personnes âgées d'au moins 45 ans. Or, Pfizer a fait "presque exactement le contraire". Environ 58% du nombre de décès attribués au Covid étaient âgés de 75 ans ou plus, mais lors de la phase de test, seuls 4,4% du nombre de sujets appartenaient à cette tranche d'âge.

Ainsi, les âges les plus touchés par les décès liés au Covid-19 étaient représentés de manière minimale dans les phases d'essais cliniques de Pfizer, et les âges les

moins touchés par le Covid-19 étaient en fait
représentés de manière maximale. Cette image biaisée
a des implications majeures pour la prédiction du
nombre de décès attendus...

En outre, les statistiques de la phase de test montrent
qu'un grand nombre de pathologies ont été exclues.
Pfizer a donc testé le "vaccin" principalement sur des
personnes jeunes et en bonne santé, dont il a été
démontré qu'elles ne courent pratiquement aucun
risque de tomber malades à cause du Covid-19.

**Les graves conséquences de la protéine de brochet, en
particulier pour les enfants, n'ont pas été examinées".**

Pfizer et Moderna semblent également avoir à peine
examiné les indications relatives à l'apparition d'effets
secondaires à moyen et long terme résultant de
l'injection d'instructions génétiques d'ARNm qui incitent
l'organisme à produire la protéine spike pathogène du
virus SRAS-CoV-2. (Le "vaccin" de Janssen fonctionne de
manière légèrement différente, en utilisant un
adénovirus pour délivrer un gène du coronavirus dans
les cellules humaines, qui produisent alors également la
protéine spike).

Si une science crédible sur la sécurité avait été
appliquée, une approche beaucoup plus large aurait été
requise" que les études très superficielles menées par
les fabricants sur les effets possibles de l'induction de
protéines de pointe dans le corps humain. Nous

considérons ce niveau comme une science de la sécurité médiocre... Tout ce qui a pu être établi, ce sont les effets secondaires à court terme et la mortalité. Cette focalisation sur les symptômes a masqué les dommages réels des interventions ARNm", qui semblent au moins consister en la création de caillots de sang/thrombose dans un avenir (proche). (Voir aussi nos nombreux articles précédents sur ce sujet)

C'est particulièrement important pour les enfants, dont l'avenir à long terme peut être sérieusement affecté par une plus grande prédisposition à de multiples maladies graves à base de caillots sanguins (et autres) résultant de ces vaccinations..... Les enfants présentent un risque négligeable de séquelles de maladies graves (Covid-19). Comme les enfants auxquels on a injecté du Covid-19 n'ont été testés que pendant quelques mois, les effets secondaires à moyen et long terme (des vaccinations) sont inconnus. Ces effets secondaires peuvent avoir un impact négatif sur les enfants pendant des décennies".

L'article énumère ensuite une longue liste d'effets graves démontrés de la protéine spike "toxique" et "pathogène" (causant des maladies). Certains d'entre eux sont résumés :

* dommages aux cellules des vaisseaux sanguins et aux fonctions mitochondriales ;

* augmentation des dommages aux poumons due à la réduction des récepteurs ACE2 ;

* modifications et lésions des cellules cardiaques ;
(myocardite, péricardite)

* produisent des molécules inflammatoires qui peuvent
provoquer une tempête de cytokines ;

* prolongent et augmentent les dommages subis par le
coronavirus ;

* produisent des facteurs responsables des crises
cardiaques ;

* la couche de LNP et le PEG dans lequel l'ARNm est
emballé semblent être hautement inflammatoires ;

Le PEG contenu dans le vaccin Pfizer est à l'origine de
chocs anaphylactiques (réactions allergiques
potentiellement mortelles).
* la couche de LNP semble induire le syndrome ASIA
(maladie auto-immune et inflammation causée par les
adjuvants) ;

* la protéine de pointe peut se propager à n'importe
quelle partie du corps et à n'importe quel organe ;

* La protéine du pic pénètre la barrière hémato-
encéphalique et provoque des lésions cérébrales ;

* la protéine spike exacerbe les maladies auto-immunes
existantes ;

L'adénovirus "chimpanzé" d'AstraZeneca envahit également le cerveau, fait produire aux cellules de celui-ci la protéine Covid spike et amène le système immunitaire à attaquer ses propres cellules cérébrales (le terme cynique de "vaxzombies" pourrait donc prendre tout son sens).

* l'ARNm du vaccin Pfizer pénètre (selon une étude réalisée par le fabricant lui-même) tous les organes essentiels. 'Les dommages causés à ces organes peuvent être graves, mais l'impact sur les ovaires peut être potentiellement catastrophique pour les femmes (/ les filles) qui peuvent avoir ou qui n'ont pas encore d'enfants'.

L'équipe scientifique conclut : Cette combinaison toxique aura contourné de nombreuses défenses protectrices (caractéristiques du système immunitaire naturel) par injection directe. Nous avons montré que l'une des nombreuses raisons pour lesquelles la protéine spike peut être nocive pour les enfants - qui ne semblent pas tomber malades du SRAS-CoV-2 - est que 1) le système immunitaire naturel est contourné par la vaccination, et 2) le plus grand volume de protéine spike entrant dans la circulation sanguine, et 3) les effets toxiques supplémentaires de l'enveloppe LNP".

Complications

Le Dr Cole, pathologiste propriétaire du laboratoire, déclare que les maladies chroniques chez les vaxxers ont augmenté de 2000 %. *L'énorme diminution des lymphocytes T auxiliaires rend les vaxxers plus vulnérables aux virus, aux cancers et à d'autres maladies.*

Un laboratoire scientifique de l'État américain de l'Idaho a constaté une augmentation massive des maladies chroniques (auto-immunes) et des cancers chez les personnes qui ont été vaccinées contre le Covid-19. Depuis le 1er janvier, j'ai constaté une multiplication par 20 du nombre de cancers de l'utérus sur une base annuelle", a expliqué le Dr Ryan Cole, pathologiste certifié et propriétaire du laboratoire.

Je n'exagère pas du tout, car lorsque je regarde les chiffres d'une année sur l'autre, je n'ai jamais vu autant de cancers de l'utérus auparavant".

Dans une vidéo du projet "Capitol Clarity", parrainé par le gouvernement de l'Idaho, Cole a révélé qu'il constate une augmentation considérable de 2000% des maladies chroniques chez les vaxxers. Le 18 mars, il a révélé que les injections de Covid-19 semblent déclencher une sorte de réaction auto-immune de type "VIH inversé" dans le corps des vaxxers.

Une forte diminution des lymphocytes T "auxiliaires" rend les personnes ayant reçu le vaccin vulnérables aux maladies.

Un système immunitaire fonctionnant normalement contient environ deux types de cellules T, les cellules T "auxiliaires" (CD4) et les cellules T "tueuses" (CD8). Chez les personnes entièrement vaccinées, le nombre de cellules T "auxiliaires" semble être fortement réduit, ce qui les rend beaucoup plus vulnérables à de nombreux virus, maladies, cancers et autres affections.

Les biopsies utérines montrent une forte augmentation des cancers, des mélanomes, de l'herpès, du zona et du HPV, ce qui, selon Cole, est directement imputable à cette réduction des cellules T induite par l'injection de Covid-19. (La Croix-Rouge américaine ne veut plus des dons de sang des vaxxers pour rien, puisque leurs anticorps naturels contre le Covid ont été anéantis par les injections).

"Je vois des mélanomes métastatiques chez des patients plus jeunes", poursuit le Dr Cole. "Normalement, nous les détectons tôt et ce sont des mélanomes minces. Mais depuis environ deux mois, je constate une explosion du nombre de mélanomes épais". En mars, des médecins américains ont averti qu'un certain nombre de femmes développaient des symptômes de cancer du sein après leurs injections de Covid.

Adjuvants PEG nocifs et oxyde de graphène

Il y a ensuite un autre ingrédient du "vaccin" dont on sait depuis longtemps qu'il peut causer des dommages importants (permanents) à la santé, le polyéthylène glycol (PEG). Les adjuvants PEG présentent un risque toxique scientifiquement démontré qui peut rendre les effets de ces injections encore plus graves.

Les PEG sont d'ailleurs également utilisés dans d'autres produits de l'industrie pharmaceutique (tels que les médicaments, les détergents et les shampooings).

En Espagne, des chercheurs universitaires ont découvert que le vaccin Pfizer y contient une très forte concentration d'oxyde de graphène.

Les conclusions de Cole sont cohérentes avec une étude publiée dans The Lancet à la fin de l'année dernière. Cette étude a révélé que les personnes ayant reçu le vaccin couraient un risque beaucoup plus élevé de contracter une infection par le VIH. Se pourrait-il que les piqûres introduisent en fait le VIH dans le corps des gens, sous couvert de 'vaccination' ? se demande à haute voix l'analyste Ethan Huff (Natural News). 'Est-ce qu'on ment à tout le monde sur ce que contiennent réellement ces flacons ?'.

De quoi alimenter les "théories du complot" selon lesquelles l'humanité serait en train de se stériliser.

Une étude récente menée par Pfizer, le plus grand producteur de "vaccins" Covid-19, a mis en garde contre le fait que les personnes vaccinées peuvent transmettre certains composants du "vaccin" à d'autres personnes simplement en ayant un contact personnel avec elles. Les femmes enceintes et leur enfant à naître ou nouveau-né peuvent donc courir un risque.

La protéine spike telle que créée/introduite par les injections de Covid est particulièrement similaire à la syncytine-1, une protéine naturelle et essentielle pour une grossesse réussie. Cela signifie que les anticorps produits par le corps humain contre la protéine spike (du virus SRAS-CoV-2) par un vaccin Covid-19 peuvent également attaquer et détruire ces syncytines. Chez les femmes, cela peut empêcher la formation d'un placenta, les rendant définitivement infertiles.

Les derniers résultats de laboratoire du Dr Cole fourniront donc un nouveau fourrage aux "théories de la conspiration" selon lesquelles les injections de Covid-19 sont utilisées secrètement pour stériliser l'humanité et, de cette manière malveillante, pour l'amincir considérablement. (Voir, entre autres, notre article du 21-06 : Utopia : Film de 2019 prédisant une pandémie et des vaccins utilisés pour stériliser secrètement la population mondiale.

Si vous échappez à ces conséquences dramatiques, vous risquez de contracter la SLA, la maladie de Creutzfeld-Jakob ou la maladie d'Alzheimer, selon l'Institut de microbiologie humaine. Auparavant, une étude évaluée par des pairs et publiée dans Nature avait averti que les nanoparticules contenues dans les injections pouvaient provoquer des lésions cérébrales. Nous avons longuement parlé de l'occurrence de la thrombose (après des études allemandes et canadiennes indépendantes, au moins 40 à 60 % de tous les vaxxers, voire tous selon certains experts) et des EIM à de nombreuses reprises. L'Université de Bristol a récemment confirmé que les "vaccins" Covid provoquent également des crises cardiaques.

2021 en bref

Il n'y a aucune chance que les grands médias en parlent un jour objectivement. Ils sont, comme vous le savez, comme presque tous les politiques, complètement dans le sac de la mafia mondialiste et eugénique des "vaccins" UN/WHO/WEF/GAVI/EU. En conséquence, un discours orwellien est également en vogue dans le domaine médical : la "maladie" est présentée chez les vaxxers comme une preuve de "santé", et la "santé" naturelle est présentée chez les vaxconscious (= non-vaccinés) comme une sorte de "maladie" et même comme un "danger" pour la nouvelle "santé" des vaxxers.

Bien entendu, vous êtes totalement libre de vous faire injecter cette version de la "santé" du 21e siècle, qui, soit dit en passant, et toujours selon les statistiques officielles, a déjà coûté la vie à des dizaines de milliers d'Occidentaux et rendu des centaines de milliers d'autres gravement malades ou handicapés. Mais je vous en prie, épargnez-moi cette "panacée magique" et laissez-moi rester "malade" à vos yeux éclairés.

Mensonges flagrants

Se faire injecter un nouveau médicament controversé par une entreprise qui, depuis des années, a l'une des pires réputations en matière de sécurité et d'honnêteté, n'est rien d'autre qu'un jeu de roulette russe avec votre santé et votre vie.

Après des demandes de WOB en Australie et en Grande-Bretagne, il apparaît que diverses agences gouvernementales médicales ont aveuglément approuvé le nanovaccin à ARNm de Pfizer sans avoir examiné les données de la phase de test, ni même les avoir eues à leur disposition. Cela s'appliquerait-il également au RIVM ? En outre, selon de nombreux scientifiques, les résultats de la phase de test semblent si improbables que Pfizer n'a pu les utiliser que pour commettre une fraude.

Cette tromperie n'a rien de surprenant, puisque Pfizer a dû verser des milliards de dollars de dommages et intérêts au fil des ans en raison de fraudes avérées et de fausses déclarations selon lesquelles ses produits étaient "sûrs" et "efficaces", alors que - comme aujourd'hui - c'est le contraire qui est vrai. Néanmoins, "nos" politiciens ne voient aucune objection à imposer ces injections expérimentales de thérapie génique très controversées à l'ensemble de la population par des mesures coercitives toujours plus sévères.

Les injections expérimentales ont été approuvées en aveugle

Doctors for COVID Ethics a publié en juin les données officielles de la TGA (le RIVM australien), qui avaient été divulguées après une demande du WOB. Il s'est avéré que la TGA avait approuvé l'utilisation du vaccin Pfizer en un temps record, sans même jeter un coup d'œil aux "données au niveau du patient" (IPD) de Pfizer. En d'autres termes, l'Australie se désintéressait totalement de l'efficacité et de la sécurité de ces injections. Elle a aveuglément donné son aval à un médicament, uniquement en raison de l'affirmation, aujourd'hui complètement démentie, de Pfizer selon laquelle il était "efficace à 95 %".

Il apparaît maintenant que la MHRA (l'Institut national britannique pour la santé publique et l'environnement) n'a également jamais examiné les données de la phase de test, ni pour l'injection de Pfizer, ni pour celle d'AstraZeneca. En fait, une demande de WOB adressée le 31 juillet au Public Health England (PHE) a révélé que le MHRA a directement menti lorsqu'il a affirmé avoir examiné les données relatives aux patients. Selon le PHE, qui aurait été chargé par la MHRA d'analyser ces données, l'agence n'a même pas eu accès à l'ensemble des données de Pfizer.

Pourquoi le boucher était-il autorisé à inspecter sa propre viande, et personne n'a vérifié ?

L'essentiel est que c'est la deuxième des quatre principales agences pharmaceutiques (MHRA, TGA, EMA, FDA) qui n'a jamais enquêté et évalué la validité des données "miraculeuses" de Pfizer", conclut Doctors4CovidEthics. La grande question est donc de savoir qui - à part Pfizer lui-même - a analysé les données des tests de Pfizer. Pourquoi le public devrait-il faire confiance à Pfizer sur ses paroles concernant les résultats de ses propres recherches, alors que des dizaines de milliards de dollars de bénéfices sont en jeu ?".

Alors pourquoi les principales autorités médicales ont-elles approuvé ces médicaments ? Qu'est-ce qui se cache derrière ? Et pourquoi a-t-on dit à la Commission des médicaments humains qu'il y avait eu une "recherche indépendante" sur les données de Pfizers, alors qu'il est maintenant établi que c'était un mensonge ? Les réponses à ces questions sont d'une importance capitale pour la santé publique et la sécurité des vaccins Covid-19.

Les données de ce "médicament miracle" ont été fabriquées.

En outre, dans une analyse exhaustive, plusieurs professeurs d'immunologie, de biochimie, de toxicologie et de pharmacologie ont constaté que les propres rapports de Pfizer sur la phase d'essai clinique contenaient "des affirmations et des contradictions peu plausibles". Par exemple, Pfizer a affirmé que tous les vaxxers avaient développé une immunité uniforme dès le 12e jour après l'injection, ce qui n'est "pas un résultat biologiquement plausible". En fait, cette immunité aurait commencé 9 jours avant la production d'anticorps neutralisants.

(Il s'agit donc, à juste titre, d'un "médicament miracle" : bien avant qu'il ne commence à agir, il vous protège déjà ! Il suffit d'y croire, comme l'a fait "notre" ministre de la santé en condamnant ceux qui osaient demander ce que contiennent ces injections qu'il a déclarées sacrées).

En outre, diverses analyses effectuées par Pfizer sur les mêmes données semblent donner des chiffres et des résultats différents. Il est impossible qu'ils soient tous corrects ; l'un d'entre eux (l'analyse) doit être faux. Étant donné que, comme mentionné ci-dessus, le développement soudain de l'immunité suggéré (par les résultats des tests) n'est en aucun cas biologiquement probable, il est plus que probable que cet ensemble de données est fabriqué.

Faire confiance aveuglément à une entreprise qui a été condamnée pour fraude et tromperie tant de fois auparavant.

Comment pouvez-vous, en tant que gouvernement, politicien, parlementaire et directeur d'agence, accorder une confiance aussi aveugle à une entreprise qui a une longue histoire de fraude et de tromperie avérées et de mise sur le marché de produits dont on savait qu'ils n'étaient pas sûrs, que d'innombrables personnes ont déjà payé de leur santé ou de leur vie ? Il ne peut y avoir qu'une seule réponse à cette question : si, en réalité, il ne s'agit pas du tout de santé publique, mais d'autre chose, quelque chose pour lequel la santé publique est même intentionnellement et manifestement mise en grand danger.

En ce qui nous concerne, on peut maintenant parler d'intention malveillante sans aucun doute, maintenant que toutes les personnes conscientes du vaxx sont punies par la discrimination et l'exclusion parce qu'elles refusent de se faire injecter ces injections prouvées non testées, non étudiées et pour des dizaines de milliers d'Occidentaux maintenant fatales.

Quand les vaxxers, les croyants et les promoteurs du vax vont-ils ouvrir les yeux et réaliser qu'un agenda idéologique est mené sur leur dos et qu'ils sont abusés comme rien de plus que des cobayes médicaux ? Avec des conséquences possibles, et même probables, très drastiques pour leur santé ?

Construire un mur ?

La Grande-Bretagne semble faire une volte-face remarquable en supprimant les passeports obligatoires pour les vaccins - "Les vaxxers qui craignent les non-vaccinés ont toute liberté de s'enfermer dans leur sous-sol".

Un nouveau mur semble être érigé en Europe, un "rideau de fer" invisible qui crée un fossé entre les pays où la liberté et les droits civils sont restaurés et les pays qui introduisent progressivement un apartheid étouffant, un stalinisme vaccinal qui légalise la discrimination et d'autres violations flagrantes des droits de l'homme et en fait une politique officielle. Alors que la plupart des pays d'Europe, depuis le 25 septembre, rendent obligatoire le passeport vax pour entrer dans l'industrie hôtelière et dans d'autres lieux accueillant un grand nombre de personnes, et que les Allemands non vaccinés qui sont en quarantaine dans divers États fédéraux peuvent oublier de payer leur salaire, le Danemark et la Suède remettent la société au grand jour. En outre, la Grande-Bretagne semble opérer un revirement remarquable en abandonnant à nouveau les passeports vax obligatoires.

Fascisme totalitaire : les non-vaccinés exclus de la société

En Allemagne, nous pouvons déjà voir ce que la prochaine phase de ce nouveau stalinisme implique : en

Rhénanie-Palatinat et dans le Bade-Wurtemberg, et probablement bientôt dans la plupart des autres États, les personnes non vaccinées peuvent oublier de payer leur salaire si elles doivent rester en quarantaine à la maison. Le ministre de la santé de Bavière, Klaus Holetschek, estime que les personnes "qui prennent la liberté de ne pas se faire vacciner doivent en assumer personnellement toutes les conséquences".

On peut difficilement faire plus totalitaire : au moment où vous faites usage de vos droits humains fondamentaux tels qu'ils ont été définis à Nuremberg et à Genève, comme l'inviolabilité de votre propre corps et le fait de ne jamais être forcé ou contraint de participer à un traitement médical, en 2021, votre liberté et même les moyens de gagner votre vie vous seront retirés. Le ministre Holetschek, comme tous les autres hommes politiques qui prennent ce genre de mesures d'exclusion fascistes, sera donc immédiatement jugé pour crimes contre l'humanité par un futur tribunal pour crimes de guerre.

Dans le Bade-Wurtemberg, les règles " 2G " les plus strictes à ce jour ont été introduites aujourd'hui en excluant de la vie publique les personnes non vaccinées.

Les vaxxers qui ont peur des personnes non vaccinées sont libres de s'enfermer.

Toute personne qui se sent menacée par des personnes non vaccinées (par d'autres personnes vaccinées) en tant que personne pleinement vaccinée devrait être libre de s'enfermer dans la cave. Tout comme aucune personne ayant peur de l'avion n'est obligée de monter dans un avion, ou qu'une personne agoraphobe est obligée de sortir de chez elle. Tout ce qu'un gouvernement impose désormais, ou (les entreprises, etc.) incite à la discrimination 'privée'*, est rien moins qu'obscène, et n'a rien à voir avec la liberté, les valeurs humaines et l'État de droit", conclut l'analyste Daniel Matissek.

Les parlementaires britanniques s'opposent avec succès aux passeports vax

Contrairement à l'Allemagne, les parlementaires britanniques semblent aussi avoir gardé quelque chose de leur conscience et le sentiment qu'ils sont là pour le peuple, et non l'inverse. Le ministre britannique de la santé, Sajid Javid, a déclaré hier que les passeports vax pour les boîtes de nuit et les événements publics ne seront finalement pas introduits.

La destruction au ralenti des pays centraux les plus forts d'Europe est une nécessité "logique" si l'on veut mettre en œuvre le "Great Reset" du WEF et l'"Agenda-2030" de l'ONU. En démolissant les économies et les sociétés robustes de l'Allemagne et de la France en particulier, et en les plongeant dans un chaos financier et social tout aussi insoluble que celui de l'Europe du Sud, on crée un prétexte pour l'abandon total du pouvoir au super-État technocratico-communiste européen, qui se

prépare depuis si longtemps et qui est dirigé depuis
Bruxelles.

Exemple australien

L'Australie lance une chasse nationale au " terroriste du Covid " et " ennemi public numéro 1 " : *un homme non vacciné qui est monté dans un ascenseur et qui est maintenant accusé de nouvelles " infections " -* Le **tsar australien de la corona : Le Covid et les nouvelles piqûres de rappel ne disparaissent jamais - Les Français montrent comment faire :** *L'industrie hôtelière et les petites entreprises refusent de vérifier les passeports de vaccination.*

En Australie, le scénario redouté se déroule rapidement, comme nous l'avons déjà décrit dans plusieurs articles en 2009. Les "vaccinations" sont rendues obligatoires, et ceux qui les refusent sont totalement exclus de la société. Dan Andrews, le premier dictateur de l'État de Victoria, a annoncé que les personnes qui ne veulent pas se faire injecter font "un mauvais choix" et devront donc rester en permanence chez elles, enfermées. Elles se verront également refuser l'accès aux soins de santé, ce qui a également été suggéré en Allemagne à la fin de l'année dernière. La prochaine étape consistera à lier le statut de "vaccination" de chacun à sa carte d'identité et à son compte bancaire. L'absence d'injections de Covid signifie alors l'absence d'emploi et d'accès à votre argent, et donc l'impossibilité d'"acheter ou vendre".

Pour protéger le système de soins de santé, nous allons exclure les personnes qui ne sont pas vaccinées mais qui pourraient l'être", a déclaré M. Andrews. Il n'est pas sûr que les personnes qui ne sont pas vaccinées puissent se promener et propager le virus. Parce qu'ils le seront, c'est ce qu'ils feront".

Les autorités de Sydney ont toutefois récemment admis que les mesures de confinement strict n'ont pas du tout fonctionné et qu'elles n'ont été imposées qu'en raison de la pression exercée par les médias grand public. Les mesures semblent n'avoir eu aucun effet sur le nombre de nouveaux "cas" de Covid. Tout ce qu'elles ont obtenu, c'est une économie partiellement dévastée et une population terrifiée.

Une immunité robuste, mais SANS injections

Les résultats scientifiques ayant été confirmés dans le monde entier en Israël, à savoir que les personnes non vaccinées (conscientes de la nécessité de la vaccination) et dotées d'une immunité naturelle sont 13 à 27 fois mieux protégées que les personnes ayant reçu la vaccination, la meilleure politique, qui est aussi la politique normale, aurait été de traiter ce prétendu virus comme une grippe saisonnière. Le laisser suivre son cours et permettre ainsi à l'immunité de groupe de se développer. Les chiffres confirmés par l'OMS (99,95% de taux de survie jusqu'à 70 ans, et 99,85% en incluant les personnes âgées) prouvent que ce coronavirus n'est pas plus dangereux que la grippe et les autres coronavirus.

Malheureusement, une immunité naturelle robuste n'est plus possible pour beaucoup d'entre eux car ils se sont fait injecter des injections de thérapie génique expérimentale très controversées qui, selon de nombreux scientifiques, médecins et autres experts indépendants, affaiblissent gravement leur système immunitaire et déclencheront une énorme vague de victimes de thromboses et d'EIM dans un avenir prévisible - quelques mois à 2, 3 ans au plus.

Les "variantes" dangereuses ne seraient jamais apparues si les politiciens n'avaient pas - contre toute logique et les principes scientifiques dominants - commencé les vaccinations de masse pendant cette "pandémie". De ce point de vue, ce ne sont pas les vax-conscients, mais les vaxxeurs qui sont coupables de créer et de propager ces "variantes".

Un homme non vacciné dans un ascenseur est un "terroriste et l'ennemi public n°1".

Tous ces faits démontrables n'empêchent pas des autocrates fascistes comme Andrews et d'autres chefs de gouvernement de réprimer la population par des mesures encore plus tyranniques. Les passeports de test/vaccins sont en train d'être introduits partout ; dans certains pays, ils sont encore réservés à des événements et à des lieux où le public est nombreux, mais dans de plus en plus de pays, ils sont également exigés par les employeurs.

En Australie, on peut voir où cela va nous mener aussi si les citoyens ne se lèvent pas immédiatement et pacifiquement pour dire NON à cette érosion totale de leur liberté et de toute forme d'humanité. Les autorités australiennes ont annoncé une chasse à l'échelle nationale d'un soi-disant "terroriste Covid" et "ennemi public numéro 1", un homme non vacciné qui aurait été surpris en train de monter dans un ascenseur, et qui est maintenant accusé d'être responsable d'une nouvelle vague d'"infections".

Le Dr Kerry Chant, le "tsar de la corona" australien, a encore attisé la panique en avertissant que Covid sera là "pour toujours" et que les gens devront donc "s'habituer" à de nouvelles injections de rappel pour le reste de leur vie. Auparavant, Chant avait demandé aux Australiens de ne plus se parler, même avec un masque buccal. Les personnes qui protestent ouvertement contre ces mesures sont passibles d'une amende pouvant aller jusqu'à 11 000 dollars, et celles qui appellent à des manifestations en ligne peuvent s'attendre à une visite agressive de la police.

Le régime criminel de la terreur

Les Australiens n'ont pas d'autre choix que de s'unir et de boycotter totalement le vaccin", a écrit un commentateur sur National File. Quand on sait que l'Ivermectin est efficace et bon marché, seul un gouvernement criminel qui ne se soucie pas de la santé de ses citoyens fait des choses pareilles", a répondu quelqu'un sur le DailyMail Online. Il s'agit d'une manœuvre totalitaire visant à prendre le contrôle du pays au nom des mondialistes et du NWO".

En Australie, qui porte désormais le surnom tristement célèbre d'"île-prison", on peut parler d'un véritable régime de terreur. En témoigne, par exemple, le fait que des personnes comme cet homme sont enfermées pendant deux semaines, malgré neuf tests corona qui étaient tous négatifs.

Il n'est pas surprenant que de plus en plus de personnes commencent à voir ce que sont réellement ces "installations" : des camps de concentration. Les gens dans les prisons ne sont pas si mal traités, écrit l'économiste américain Martin Armstrong, qui s'attend à une révolution en Australie. 'Il est peu probable que le pays soit intact après 2032'.

Le régime criminel de la terreur

Les Australiens n'ont pas d'autre choix que de s'unir et de boycotter totalement le vaccin", a écrit un commentateur sur National File. Quand on sait que l'Ivermectin est efficace et bon marché, seul un gouvernement criminel qui ne se soucie pas de la santé de ses citoyens fait des choses pareilles", a répondu quelqu'un sur le DailyMail Online. Il s'agit d'une manœuvre totalitaire visant à prendre le contrôle du pays au nom des mondialistes et du NWO".

En Australie, qui porte désormais le surnom tristement célèbre d'"île-prison", on peut parler d'un véritable régime de terreur. En témoigne, par exemple, le fait que des personnes comme cet homme sont enfermées pendant deux semaines, malgré neuf tests corona qui étaient tous négatifs.

Il n'est pas surprenant que de plus en plus de personnes commencent à voir ce que sont réellement ces "installations" : des camps de concentration. Les gens dans les prisons ne sont pas si mal traités, écrit l'économiste américain Martin Armstrong, qui s'attend à une révolution en Australie. 'Il est peu probable que le pays soit intact après 2032'.

La rébellion a du sens : L'obligation fiscale pour les camionneurs n'est plus à l'ordre du jour

Les camionneurs australiens prouvent que se rebeller a du sens. Les grands médias n'en ont bien sûr pas parlé, mais les camionneurs ont bloqué de nombreuses routes à partir du 31 août et ont paralysé l'approvisionnement. En réponse, le gouvernement a décidé de retirer l'obligation de vaccination pour leur profession.

Ce qu'ils ont montré, c'est que même l'élite politique mourra de faim sans nourriture ni moyens de transport", répond Armstrong. C'est pourquoi le pouvoir appartient TOUJOURS aux "grands absents" (les gens ordinaires méprisés par l'élite). Ils pensent toujours qu'ELLE est la nation et s'enivrent de leur propre pouvoir, mais ignorent qu'ils ne sont RIEN sans "nous, le peuple".

La Franceh montre comment faire

En France également, une part croissante de la société se réveille face à la tyrannie des Covid-19, et refuse de coopérer avec elle. Selon plusieurs rapports, dont celui de Mike Hearn, ancien ingénieur logiciel chez Google, bien que les mesures soient appliquées par les grandes entreprises, la plupart des établissements hôteliers et des petites entreprises en France refusent de vérifier les passeports de vaccination obligatoires, malgré les amendes astronomiques qu'ils pourraient encourir.

Mieux encore, les passeports vax sont "contrôlés" uniquement pour la forme. Ce faisant, les employés ne regardent tout simplement pas la validité du ticket de test, ni les résultats à l'écran. Les messages d'erreur sur les codes QR sont tacitement ignorés. Dans les endroits où le port d'un protège-dents est obligatoire et où il existe une distance sociale - comme les parcs d'attractions et les lieux touristiques - des panneaux peuvent encore être accrochés, mais presque plus personne ne les observe ou ne les fait respecter.

C'est la seule façon de s'en sortir : pas de manifestations (car elles supposent à tort que les politiciens nous écoutent encore, et sont de toute façon encadrées par les grands médias), mais une désobéissance civile non violente de masse. Laissez le

71

gouvernement proposer une mesure idiote et totalitaire après l'autre. Si nous, en tant que citoyens, employés, entreprises et agents des forces de l'ordre, ou du moins une partie importante d'entre eux, décidons d'ignorer ces diktats violant les droits de l'homme et de vivre simplement nos vies, de plus en plus de personnes commenceront à voir que "l'empereur n'est pas habillé".

Le moment où nous pourrons reprendre notre pays et notre liberté, briser le système mondialiste ONU/OMS/FEM/UE/FMI et enfin établir quelque chose de vraiment bien meilleur où chaque être humain et son droit à la liberté, à l'autodétermination et à une véritable santé est à nouveau central, se rapproche de plus en plus.

Les forces obscures prennent le dessus ?

Un signe majeur que l'humanité a été prise en charge par les forces obscures est lorsque "toute leur vie, ils ne croiront qu'au monde physique qu'ils peuvent percevoir avec leurs sens.

De nombreuses personnes, quelles que soient leur croyance, leur origine ou leurs convictions, estiment que l'humanité est entrée dans une guerre spirituelle multidimensionnelle sans précédent. Une guerre qui, en fait, a toujours existé, mais qui s'accélère maintenant pour atteindre un point culminant absolu. Rudolf Steiner était un philosophe autrichien qui a publié de nombreux ouvrages sur la science et la spiritualité. Steiner voyait un grand danger dans l'essor des vaccinations et prédisait qu'un jour, dans le futur, un vaccin serait développé qui couperait définitivement les gens de leurs capacités spirituelles. Ou, en d'autres termes, du contact avec le divin, avec Dieu, avec la Lumière.

Steiner voyait le corps humain comme un outil de l'esprit, un "vaisseau" spirituel - on pourrait dire aujourd'hui "avatar" - sur lequel d'autres entités spirituelles peuvent exercer une grande influence. La chose la plus importante pour pouvoir résister à ces forces négatives, selon Steiner, est la conscience que ces forces existent et sont actives. Les personnes qui nient cela sont, selon lui, comme "une feuille dans le vent", et sont poussées dans leur pensée et leurs sentiments dans toutes les directions souhaitées par ces forces.

Le manque de spiritualité attire les esprits hostiles

Les esprits des ténèbres sont maintenant parmi nous, écrit-il. Nous devons être vigilants afin de nous rendre compte de ce qui se passera si nous les rencontrons, et avoir une idée réelle des endroits où ils peuvent se trouver. La chose la plus dangereuse que vous puissiez faire dans l'immédiat est de vous abandonner inconsciemment à ces influences, qui sont absolument présentes."

Si les gens laissent libre cours à leur besoin intrinsèque de se développer spirituellement, ils finiront par se libérer de la peur et de l'anxiété, et se constitueront ainsi une sorte d'immunité contre les influences des entités négatives, pensait Steiner. Dans le cas contraire, nos vibrations attirent les esprits hostiles, et nous devenons inconsciemment la proie de leur influence.

(Accessoirement, consciemment aussi : les personnes ayant une vibration très élevée agissent comme des sortes d'"aimants" pour ces forces parasites négatives, parce que beaucoup de pouvoir spirituel peut leur être volé, et aussi parce que ces personnes à "haute vibration" représentent un grand danger potentiel pour les dirigeants obscurs de ce monde (le Mal, Satan / Lucifer, le diable, etc.).

L'obscurité se nourrit de la peur

Ces forces obscures se nourrissent de la peur, du désespoir, de l'anxiété, de la dépression, des sentiments d'impuissance et de la superstition, ce qui explique précisément pourquoi un nombre sans précédent de ces sentiments et émotions ont été délibérément déclenchés et encouragés dans le monde entier depuis 2020 avec la pandémie de corona / Covid.

La majorité de l'humanité y a été préparée étape par étape pendant des décennies par l'accent unilatéral mis sur le matérialisme et le consumérisme, alimenté par le mensonge selon lequel il n'existe aucune dimension spirituelle, seul le monde visible et tangible est "réel" et important, et vous devez donc en tirer "le maximum" pour vous-même (dans le sens d'amasser autant de pouvoir, d'argent et de statut que possible).

Cela a créé une mentalité du type "je le veux et je le veux maintenant, parce qu'après cela, il n'y a plus rien", qui est devenue une porte toujours plus large pour les forces encore plus négatives qui prennent maintenant le contrôle de l'humanité, qui devient de plus en plus malade spirituellement.

Il en est résulté l'an dernier une peur totale de perdre prématurément "cette seule vie", et donc une docilité aveugle et une obéissance défaitiste aux mesures gouvernementales les plus absurdes, antisociales, antiscientifiques et surtout antihumaines, dont le point

culminant a été l'injection d'injections expérimentales
très controversées, qui, rien qu'en Occident, ont déjà
tué des dizaines de milliers de personnes.

**Le désir d'un "ordre social parfait" est à l'origine de
beaucoup de misère.**

Il y a environ 100 ans, Rudolf Steiner a écrit 14 essais
sous le titre "La chute des esprits des ténèbres". Il y
mettait en garde les générations futures contre les
mesures de contrôle de masse telles que celles décrites
plus tard par George Orwell ("1984") et Aldous Huxley
("Brave New World"), et qui, à notre époque, sont mises
en œuvre dans le monde entier d'une manière sinistre
sans précédent.

Dans ses conférences de 1917, il a évoqué les forces
spirituelles complexes à l'origine du déclenchement de
la Première Guerre mondiale, qui touchait alors à sa fin.
Selon lui, l'une des principales causes de ce conflit est le
besoin historique des gens de créer un "ordre social
parfait" et de l'imposer aux autres, ce qui ne fait
qu'accroître les divisions et les conflits.

Selon Steiner, l'humanité s'était endormie sur le fait que
des esprits sombres ("déchus") étaient devenus
énormément actifs sur notre planète, exerçant une très
grande influence sur la pensée humaine et la perception
que nous avons des autres, de ce monde et de cette vie.

Le contrôle total de l'esprit contre l'esprit libre

L'image opposée de Rudolf "esprit libre" Steiner est devenue ces dernières années l'un des hommes les plus influents et les plus puissants du monde : Klaus "total mind control" Schwab, dont le "Great Reset" trouve des adeptes convaincus dans notre propre pays, en particulier Sigrid Kaag et Mark Rutte.

Klaus Schwab :

Les neurotechnologies nous permettent de mieux influencer la conscience et la pensée, et de comprendre de nombreuses activités du cerveau, y compris de déchiffrer dans les moindres détails ce que nous pensons. (Cela peut être fait) par de nouveaux produits chimiques et des interventions qui affectent notre cerveau pour corriger les erreurs ou augmenter la fonctionnalité.

Les frontières entre les technologies et les êtres (vivants) s'estompent, et pas seulement par la capacité de créer de la vie comme les robots ou les synthétiques. Il s'agit plutôt de nouvelles technologies qui deviennent littéralement une partie de nous. Des technologies qui influent déjà sur la manière dont nous nous comprenons, dont nous nous percevons les uns les autres et dont nous définissons nos réalités.

Comme ces technologies nous donnent un accès plus profond à certaines parties de nous-mêmes, nous pouvons commencer à intégrer les technologies numériques dans notre corps.

Rudolf Steiner :

Notre aspiration la plus élevée doit être le développement d'êtres humains libres, capables de donner un but et une direction à leur propre vie.

Trois forces, à savoir l'imagination, le sens de la vérité et le sens des responsabilités, constituent la base adéquate de l'éducation (/ du développement humain sain).

Être libre signifie être capable de penser ses propres pensées, non pas celles du corps ou de la société, mais celles générées par son moi spirituel le plus profond, le plus original et le plus essentiel, son individualité.

Ces deux mondes sont incompatibles. C'est OU le contrôle total (de l'esprit) de Klaus Schwab et donc une humanité transhumaine anti-spirituelle plongée dans une servitude éternelle formée à l'image de Lucifer, de "la Bête", OU une société de personnes individuelles, uniques, dotées d'esprits spirituels libres, auto-pensants, créatifs, véridiques et responsables, comme Dieu l'avait prévu à l'origine.

Malheureusement, la grande majorité de l'humanité, y compris la plupart des adeptes de toutes les grandes religions, semble choisir la première voie. Maintenant que la liberté d'esprit et de volonté (d'autrui) est manifestement considérée par la plupart des gens comme une trop grande menace et que l'on préfère plier le genou devant les mondialistes autoritaires, nous nous dirigeons, grâce aux injections de thérapie génique ARNm-nanotechnique de Covid-19, avec des bottes de sept milles vers la techno-dictature totalitaire de Schwab, son "Internet des corps" 5G/6G contrôlé par l'I.A. dans lequel l'individualité, la pensée créative, la spiritualité et la personnalité de chacun seront à jamais modifiées, manipulées ou même effacées.

Nous ne voulons pas faire partie de ce peuple d'esclaves androïdes cyborgs, même pas une seconde. Et vous non plus ? Alors levez-vous en disant NON et en refusant de coopérer avec toutes les mesures par lesquelles ce futur - à mon avis horrible - est maintenant réalisé étape par étape.

La participation forcée à des expériences rend tout régime illégal

N'oubliez jamais que vous avez de votre côté tous les droits humains fondamentaux importants. Tout gouvernement qui veut vous forcer par une exclusion discriminatoire à participer à des traitements médicaux tels que ces expériences de thérapie génique est, selon le code de Nuremberg, un régime illégal de criminel de guerre auquel vous ne pouvez même pas participer moralement.

79

Le Canada échoue ?

Chiffres officiels américains : *En 10 mois, 2,5 fois plus de décès dus aux injections de Covid que dus à TOUS les autres vaccins au cours des 30 dernières années combinées* - **Se préparer aux injections obligatoires de Covid ?**

Le Dr Rochagné Kilian, médecin urgentiste dans l'Ontario, au Canada, a démissionné en raison des mensonges du gouvernement sur les personnes non vaccinées et les injections de Covid-19. S'adressant aux médias libres, elle a déclaré qu'au moins 80 % des patients nécessitant une admission aux urgences sont entièrement vaccinés. Combien de personnes allons-nous encore tuer si nous continuons à suivre ce discours (= le mensonge selon lequel la plupart des personnes non vaccinées se retrouvent à l'hôpital) ? Auparavant, des médecins, des infirmières et des responsables en Israël, en Grande-Bretagne, en Allemagne et aux États-Unis, entre autres, ont formulé les mêmes observations et avertissements.

En août, une réunion en ligne a été organisée avec des cadres médicaux au sujet des vaccinations obligatoires. Gary Sims, président-directeur général du Grey Bruce Health Services Hospital, en Ontario, a déclaré à son personnel que les hôpitaux se remplissaient de personnes non vaccinées et qu'il faudrait davantage de lits dans le service de pédiatrie cet automne car il s'attendait à ce que de nombreux enfants non vaccinés soient atteints de Covid.

Le Dr Kilian a ensuite demandé à M. Sims s'il pouvait lui remettre des données afin qu'elle puisse vérifier ces chiffres sur les cas supposés de "non-vaccination". Sims a refusé et est devenu verbalement condescendant, voire explicitement menaçant. Les preuves de ce qu'il affirmait étaient "privées". Les employés n'avaient qu'à lui faire confiance, ainsi qu'aux "experts", pour qu'il en soit ainsi.

8 personnes sur 10 sont doublement vaccinées, combien de personnes allons-nous encore tuer ?

Cela l'a poussée à annoncer sa démission. En effet, les faits qu'elle a observés de ses propres yeux aux urgences ont prouvé l'exact contraire du récit officiel. Ce ne sont pas les non-vaccinés, mais les vaccinés qui remplissent les hôpitaux. Au moins 8 personnes sur 10 dans "son" hôpital au cours des 3 derniers mois étaient doublement vaccinées. Kilian : "Combien de personnes allons-nous encore tuer si nous continuons à suivre ce récit ?

Nous avons récemment expliqué comment cette tromperie est mise en œuvre au niveau international : les personnes qui tombent malades dans les deux semaines suivant leur injection de thérapie génique expérimentale sont considérées comme non vaccinées,

car la soi-disant "protection" que ces "vaccins"
sanctifiés fourniraient ne serait pas encore efficace.

Chiffres officiels : La vie de 40 000 Américains détruite par les injections de Covid

Le fait que ces personnes puissent tomber malades par les injections ne devrait même pas être suggéré par quoi que ce soit ou qui que ce soit, même si les chiffres officiels de décès, de malades et d'invalides (historiquement seulement environ 1% du nombre réel) ne cessent d'augmenter (CDC : 16 310 décès, 2102 fausses couches et 23 712 handicaps permanents aux États-Unis, soit 2,5 fois plus de décès dus aux injections de Covid en 10 mois que de décès dus à TOUS les autres vaccins au cours des 30 dernières années réunis).

La base de données officielle VAERS montre également que les adolescents ont 50 fois plus de risques de développer une maladie cardiaque, 15 fois plus de risques de devenir handicapés, 47 fois plus de risques de se retrouver aux urgences et 46 fois plus de risques de se retrouver à l'hôpital, et 7,75 fois plus de risques de mourir à cause des injections de Covid que de tous les autres vaccins réunis.

Récemment, un analyste statistique a calculé, à partir des chiffres officiels, que le vaccin Pfizer, approuvé aveuglément par les autorités, a déjà tué au moins 150 000 personnes en Amérique. Aujourd'hui, l'une des entreprises les plus corrompues du monde veut étendre ce "succès" en injectant également les enfants âgés de 5 à 11 ans. Cela donnera à Pfizer 28 millions de "clients" supplémentaires. La FDA décidera le 26 octobre si l'entreprise peut obtenir l'autorisation de le faire.

D'abord un vaccin obligatoire contre la grippe, puis le Covid ?

Pour inciter les Européens à faire de même, les "experts" préconisent désormais - comme en Angleterre - de vacciner les enfants, les femmes enceintes et, en fait, tout le monde contre la grippe. Soi-disant pour "protéger les personnes âgées", mais jusqu'en 2020, il s'agissait d'une absurdité scientifiquement prouvée.

Les vraies raisons ? La moins malveillante est qu'il s'agit de vendre une nouvelle série d'injections inutiles* (*après tout, aucun vaccin efficace contre un virus respiratoire n'a jamais été mis au point). Cependant, il est également possible qu'un grand nombre d'enfants (rendus malades par les injections) soient bientôt "nécessaires" pour justifier les injections obligatoires de Covid.

Des intentions maléfiques confirmées ?

Le passeport Covid n'a aucune justification éthique ou épidémiologique. Il n'a pour but que de faire pression sur les personnes non vaccinées pour qu'elles se fassent vacciner" - Le **gouvernement israélien prévoit de priver les personnes non vaccinées de tous les soins de santé.**

Un " micro chaud " (" hot microphone ") de la grande chaîne d'information israélienne ; Channel 12 a enregistré une conversation entre ministres confirmant les intentions malveillantes de la campagne de " vaccination " Covid. Le ministre de la Santé, Nitzan Horowitz, s'entretenait avec la ministre de l'Intérieur, Ayelet Shaked, et le ministre des Renseignements, Elazar Stern, au sujet du "laissez-passer vert" (dans notre cas, le certificat de vaccination QR-Apartheid), sans se rendre compte que les microphones étaient toujours allumés et que leur conversation était enregistrée. Horowitz a reconnu que le pass Covid n'a aucune base scientifique ou médicale, et n'a qu'un seul but : forcer tout le monde à se faire injecter.

Horowitz avait récemment témoigné devant la Cour suprême (et donc menti délibérément) que le pass était destiné à protéger la santé publique. De sa propre bouche, il vient de dire par inadvertance la vérité au public : le laissez-passer et les vaccinations ont été créés uniquement pour placer la population sous contrôle totalitaire et lui ôter toutes ses libertés.

Des preuves convaincantes (y compris d'autres pays) que la part du lion des nouvelles hospitalisations est constituée de personnes entièrement vaccinées sont tout simplement ignorées, niées ou annulées. En août dernier, le directeur médical de l'hôpital Herzog de Jérusalem a déclaré à la chaîne Channel-13 que 95 % des personnes présentant des symptômes graves de Covid-19 avaient été vaccinées.

Pas de raison médicale pour le laissez-passer Covid, c'était juste pour faire passer les vaccins.

Il n'y a aucune justification médicale ou épidémiologique au passeport Covid", a déclaré Horowitz à Shaked lors de l'interview à chaud. Il est juste conçu pour faire pression sur les non-vaccinés afin qu'ils se fassent vacciner.

Je suppose que vous pouvez passer outre le laissez-passer vert pour les restaurants à l'extérieur", a répondu Shaked. Horowitz a confirmé que. D'un point de vue épidémiologique, il est correct" de rétablir l'accès aux restaurants (en plein air) et aux piscines pour les personnes non vaccinées. Mais il ne le fera pas, car "dès que je commencerai à faire des exceptions au système de laissez-passer, les gens voudront plus de liberté. Je ne peux donc pas leur donner un accès total aux piscines, car ils diront alors 'pourquoi pas les parcs (d'attraction) aquatiques aussi' ?".

Au contraire, le ministre dictatorial craint que le strict pass Covid ne soit pas suffisamment appliqué. Ce qui n'est surtout pas le cas dans le " secteur arabe ". Il est également gêné par le fait que des personnes non vaccinées aient accès aux hôpitaux. Le ministre des Renseignements Elazar Stern s'est ensuite immiscé dans la conversation, déclarant qu'il trouvait "irritant que (les non-vaccinés) confisquent des lits". Les ministres ont révélé leur plan tyrannique et criminel de guerre, qui consiste à interdire aux personnes non vaccinées l'accès à l'ensemble du système de santé, les laissant complètement livrées à elles-mêmes.

La terreur du pass Vax se répand dans le monde entier

L'enregistrement accidentel (?) de la conversation entre les ministres israéliens montre que le soi-disant "État juif" est rapidement devenu l'un des pires États fascistes vaccinazis au monde et, à mon avis, il ne devrait plus jamais être autorisé à faire étalage du passé de l'Holocauste, maintenant qu'il enfreint délibérément les principales règles d'éthique médicale établies par le code de Nuremberg après la Seconde Guerre mondiale.

Ne vous y trompez pas : cela est sur le point de se produire dans TOUS les pays où ces "vaccinations" sont imposées à l'aide de passeports Covid, et pas seulement en Israël et en Australie. Même en Lituanie, par exemple, il existe maintenant une terreur étouffante d'état vaxpas où les personnes non vaccinées ne sont même pas autorisées à entrer dans les centres commerciaux. L'ancien Premier ministre Andrius Kubilius a même écrit sur son Facebook le 10 août que "si vous ne vous faites pas vacciner, vous devriez vous préparer à votre tombe".

Crise alimentaire et énergétique ?

L'"hiver noir" (prévu), avec des pénuries massives d'énergie et de nourriture en Occident, arrive inexorablement.

La crise systémique délibérément déclenchée semble entrer définitivement dans la phase suivante, alors que les rayons de certains grands supermarchés américains comme Wall Mart commencent à se vider, et que l'un des plus grands fournisseurs de produits alimentaires de longue conservation du pays est fermé pour les 90 prochains jours en raison de "pénuries massives" et de "retards importants". Les prix de l'essence ont également explosé pour atteindre des niveaux européens.

À partir du 7 octobre, le méga-fournisseur de produits alimentaires Augason Farms sera fermé pendant trois mois. Pendant cette période, aucune commande ne sera acceptée en ligne non plus, et l'on espère ainsi combler les énormes pénuries. Cette situation est comparable à celle de HAK, par exemple, qui informerait alors les supermarchés qu'il ne sera pas en mesure de fournir des pots de légumes, etc. pour les trois prochains mois. Cela provoquerait une ruée sur les derniers stocks dans les supermarchés.

C'est une preuve supplémentaire de l'effondrement accéléré des chaînes d'approvisionnement alimentaire", écrit Natural News. Comme nous l'avons averti à plusieurs reprises, le monde sera plongé dans un "hiver noir" avec des pénuries alimentaires extrêmes, des pénuries d'électricité/énergie et un nombre croissant de victimes de protéines de pointe (et d'EIM) parmi les vaccinés.

Pénurie de main-d'œuvre : également due aux effets des "vaccinations" ?

Le gouvernement peut bien injecter beaucoup d'argent supplémentaire, "mais l'argent ne se mange pas". À quoi servent 1000 dollars ou euros si vous avez faim et que les supermarchés sont vides, et qu'en ligne, le message "en rupture de stock" ou "sold out" apparaît partout. Le problème n'est pas le manque d'argent, mais le manque de main-d'œuvre à cause de toutes les fermetures de Covid, qui sont une absurdité totale et sont basées sur une science de pacotille irrationnelle", poursuit Adams.

En outre, le manque de main-d'œuvre pourrait avoir une autre cause : les injections de thérapie génique Covid, très controversées, ont handicapé beaucoup plus de personnes qu'annoncé officiellement, que ce soit de manière temporaire, à long terme ou permanente.

Par exemple, en Grande-Bretagne, il y a une pénurie de 100 000 chauffeurs de camion. Ceux-ci ont dû rester chez eux à cause des lockdowns, mais il y a maintenant du travail pour eux. De plus, leurs allocations Covid ont cessé, ils n'ont donc plus non plus de compensation pour leur énorme perte de revenus. Où sont donc passés ces chauffeurs ? D'autres secteurs (soins de santé, nettoyage, usines, commerce de détail, etc.) connaissent également d'énormes pénuries de personnel.

Nous souhaitons à Augason Farms toute la chance possible pour redémarrer en 2022, si les lignes d'approvisionnement s'améliorent.

Cependant, nous sommes extrêmement préoccupés par le fait que la situation sera bien pire dans 90 jours. Ceux qui ne feront pas de réserves de nourriture au cours des 30 à 60 prochains jours pourraient littéralement mourir de faim en janvier/février. Selon les initiés du secteur, le réseau électrique cessera également de fonctionner de manière fiable d'ici là.

Les infrastructures gazières et pétrolières délibérément mises à mal

En ce qui concerne la crise énergétique fabriquée, l'animateur radio Hal Turner souligne la fermeture ou le retard délibéré des pipelines et des projets, et l'introduction de nouvelles règles, taxes, frais et restrictions absurdes sur les producteurs de pétrole et de gaz par le régime Biden - exactement ce qui a été fait très délibérément en Europe ces dernières années, et qui provoquera également une crise énergétique massive - et donc peut-être même une crise du système social avec des troubles à grande échelle - ici.

Vous ne pouvez pas, à un coût astronomique, bloquer partiellement une économie pendant des mois, puis la relancer comme si de rien n'était. Les politiciens qui prétendent que cela peut être fait sans conséquences dramatiques n'ont aucune idée du fonctionnement d'une économie saine, ou le savent et trompent la population.

C'est désormais évident aux États-Unis, mais aussi dans de plus en plus de pays européens. Les conséquences douloureuses de toutes les mesures perturbatrices et destructrices de Covid ne se feront pleinement sentir que dans les mois à venir.

Ce coup d'État contre notre pays et notre peuple peut-il encore être arrêté ?

Et encore, nous n'en sommes qu'au début, car l'élite exécute le coup d'État communiste de la "Grande Réinitialisation" / "Green Deal" que l'Agenda 2030 de l'ONU est censé réaliser. Selon ces plans, l'Europe sera placée dans un état de verrouillage climatique permanent dans lequel nous n'aurons pratiquement plus de libertés et d'autodétermination, et sera transformée en une grande ville-immigration dans laquelle notre position en tant que l'un des principaux producteurs alimentaires aura complètement disparu.

Nous pensons qu'une seule semaine de coupures d'électricité et/ou de gaz pendant un hiver extrêmement froid, couplée à des pénuries alimentaires dans les supermarchés, un nouveau verrouillage déjà convenu au niveau international l'été dernier - auquel la prochaine cyber-attaque planifiée par le WEF menace de s'ajouter - sera finalement capable de faire en sorte que les gens se révoltent en masse contre ce coup d'État mondialiste de vaccination climatique contre notre pays, notre société, notre économie & prospérité et notre avenir.

Sinon, rien ne nous attend, nous et nos (petits) enfants, pour les années à venir, si ce n'est une dure répression fasciste par éco-injection, une pauvreté extrême et des masses, des masses de victimes, à commencer par les plus faibles (s'ils n'ont pas déjà été euthanasiés avec les nouvelles piqûres de rappel de Covid).

L'Asie détrônera l'élite ?

La *Chine menace les États-Unis, l'Allemagne et l'Union européenne d'une faillite imminente si les dirigeants refusent d'obéir totalement à Pékin.*

De plus en plus de gens se rendent compte que l'Occident - et donc la plus grande partie de notre planète - est de facto dirigé par deux familles diaboliques, les Rockefeller (basés à New York) et les Rothschild (basés à Londres), dont même Bill Gates, Klaus Schwab, George Soros et d'autres hommes de paille notoires du NWO sont de simples garçons de courses. Selon le journaliste canadien et ancien rédacteur en chef de Forbes Asia, le correspondant du South China Morning Post et l'auteur du Nikkei Weekly Benjamin Fulford, il existe un plan secret asiatique pour faire tomber cet empire. Bien sûr, lorsque Fulford a commencé à exposer les attaques sous faux drapeau du 11 septembre et l'establishment occidental complètement corrompu il y a une quinzaine d'années, il a immédiatement été mis dans le coin des "théoriciens de la conspiration".

Fulford a vendu plus de 500 000 livres au Japon sur, entre autres, les liens financiers entre les Yakuza (mafia japonaise) et le gouvernement. Il se concentre maintenant sur la manipulation américaine de la politique, des médias et de l'éducation au Japon. Cela se fait par la corruption, le chantage, le meurtre, le lavage de cerveau, etc. Mon objectif est de contrer la propagande américaine et de montrer la vérité au peuple japonais, afin qu'il puisse se libérer du joug colonial et commencer à utiliser ses 5 000 milliards de dollars d'avoirs à l'étranger".

L'attaque biologique du SRAS-1 a convaincu les Asiatiques que l'Occident doit être éliminé.

En 2007, Fulford a confronté l'ancien ministre des finances Heizo Takenada avec des preuves qu'il avait effectivement remis le système financier japonais à un groupe de sociétés financières contrôlées par Rockefeller et Rothschild. Le lendemain, j'ai reçu un e-mail de quelqu'un qui disait avoir été engagé par M. Takenada. Il voulait que je rencontre quelqu'un. Cette personne m'a donné ce badge maçonnique, et m'a dit qu'il était un tueur à gages professionnel, et que je pouvais soit continuer à dénoncer des gens et mourir à 46 ans, soit devenir le ministre des finances du Japon."

Un autre jour, une société secrète asiatique lui aurait offert la protection des Rockefeller et des Rothschild. Selon Fulford, plus de 6 millions d'Asiatiques seraient membres de cette société, dont 1,8 million de gangsters et d'individus occupant les plus hauts échelons de la société au Japon, en Corée, en Chine, au Vietnam et dans les communautés asiatiques du monde entier. Cela comprendrait la "famille Dragon", un "groupe de rois asiatiques" qui contrôlerait le Parti communiste chinois (PCC) et qui serait "au-dessus" de Taïwan, du Japon et de la Chine.

Cette société asiatique (société secrète asiatique) serait parvenue à la conclusion, après l'épidémie de SRAS-1 au début de ce siècle, que ce "virus" était une attaque à l'arme biologique contre la race asiatique. Par conséquent, un plan a été conçu pour renverser l'Occident contrôlé par les Rockefeller et les Rothschild.

(Est-ce que cela a peut-être commencé avec le SRAS-CoV-2, du moins avec les injections ? Quoi qu'il en soit, les Rothschild (nom de famille d'origine : Bauer) ont des intérêts importants dans toutes sortes de producteurs pharmaceutiques tels qu'AstraZeneca, et d'ailleurs en Chine. Les Rothschild travailleraient-ils délibérément à notre propre perte ?

Le 11 septembre et son lien avec l'élite occidentale

En 2007, Fulford a réussi à mener quelques rares entretiens avec David Rockefeller lui-même, qui avait alors 92 ans et est mort dix ans plus tard. La plupart de ces entretiens ont été retirés de l'internet, mais certaines copies peuvent encore être trouvées sur Bitchute. Le fait qu'il ait pu parler à DE Rockefeller indique clairement que Fulford ne se contente pas de vendre des "théories de la conspiration" dénuées de sens, comme le prétendent les médias grand public.

En particulier avec la pandémie de corona, une partie croissante du public occidental commence à réaliser qu'il a été trompé à de nombreux niveaux par ses propres dirigeants et organisations depuis si longtemps, et que le 11 septembre était bien une opération sous faux drapeau. Dans une nouvelle vidéo, Fulford montre comment les organisations contrôlées par les Rockefeller/Rothschild et les vieilles maisons royales d'Europe occidentale telles que la banque BIS à Bâle, le FMI, la Banque mondiale, l'ONU, l'OMS et le WEF (Klaus Schwab, Davos) ont joué un rôle majeur en arrière-plan dans la mise en place et l'exploitation du 11 septembre, et depuis 2019-2020, donc, dans la pandémie corona.

Trudeau doit être destitué, et Trump n'est pas la solution".

Selon Fulford, les seules personnes qui pourraient encore contrecarrer ces puissantes familles sont les bonnes forces restantes dans l'armée et les services de renseignement. Le journaliste espère spécifiquement une action militaire pour déposer le dictateur Justin Trudeau, premier ministre canadien de gauche, qui, selon lui, est un fils de Fidel Castro.

Toujours aux yeux de Fulford, l'élection américaine a été volée, "mais dès que Donald Trump dit à tout le monde de se faire vacciner, on sait qu'il fait partie du système". Lorsque l'élection a été manifestement volée, l'armée a proposé de déclarer l'état d'urgence, mais il a refusé. Désolé les amis, mais réveillez-vous et soyez réalistes : Donald Trump n'est PAS la réponse.

La Chine met le couteau financier sous la gorge des États-Unis, de l'Allemagne et de l'Union européenne".

L'Occident est en faillite, incapable de rembourser ses énormes dettes. La Chine détient une partie importante de ces dettes, dont l'échéance serait fixée à la fin du mois de septembre. Selon Fulford, le régime américain de Biden ne peut pas respecter cette échéance du 30 septembre, qui sera suivie d'une implosion du marché deux semaines plus tard. C'est pourquoi la secrétaire au Trésor, Janet Yellen, avertit ouvertement que, d'ici octobre, les États-Unis ne seront plus en mesure de payer leurs dettes nationales et qu'ils deviendront "défaillants". Cela signifie que l'Amérique deviendra un pays en défaut de paiement et fera donc effectivement faillite.

C'est pourquoi Biden a appelé le président chinois Xi Jinping la semaine dernière. Lorsqu'il n'a pas réussi à obtenir de nouveaux financements, sa patronne, Angela Hitler (Angela Merkel), a appelé, et on lui a également dit, selon la Société secrète asiatique, que l'argent ne viendra que si elle et toute l'UE plaident pour une obéissance totale à Pékin". Le Global Times de Chine a également fait état de ce "couteau sous la gorge" financier que les dirigeants communistes auraient opposé à leurs homologues occidentaux.

Général Flynn, agissez !

Fulford s'est adressé directement au général Flynn :
Vous avez raison de parler d'action locale. Vous avez
raison de dire que la maladie en Occident est à son
paroxysme et que la pression exercée par le bas (les
gens du peuple) est une chose à laquelle ils ne peuvent
rien faire. Mais vous ne devriez pas être une telle
mauviette. Vous devez vraiment rassembler des
hommes armés pour agir, agir au sommet. Pourquoi
Anthony Fauci est-il autorisé à prêcher des mensonges
(sur une pandémie inexistante) et à promouvoir le
meurtre (par le biais des vaccinations) à la télévision
tous les jours ? Pourquoi cet homme est-il encore en vie
?

L'ancien responsable de la division Asie-Pacifique du
magazine Forbes écrit qu'il soutient les actions en
justice telles que celles entreprises par le Dr Reiner
Fuellmich, le plus grand avocat européen, mais que ces
actions et les décisions de justice (éventuelles) devront
en fin de compte être "appliquées avec des armes".

Nous rejetons fermement tout appel à la violence
(contre quiconque). Si un nombre suffisant de
personnes se révoltent pacifiquement, elles seront en
mesure de faire tomber toute personne au pouvoir. Ces
personnalités devraient alors être correctement et
humainement arrêtées et jugées pour trahison
(populaire), terrorisme d'État, et coopération
consciente et causant de graves dommages à la santé
publique, meurtre de masse et peut-être même
génocide.

La violence est un piège dans lequel personne ne devrait vouloir tomber (à l'exception du droit légal à la légitime défense si quelqu'un commet directement des violences physiques à votre encontre). La violence provoque encore plus de violence de la part de ceux qui détiennent maintenant tous les leviers du pouvoir, et qui ont alors une excuse parfaite pour utiliser ce pouvoir entièrement contre les "dissidents". Historiquement, il y a eu beaucoup de révolutions violentes qui ont "mangé leurs propres enfants", pour ensuite installer un nouveau régime violent avec encore plus de victimes innocentes. Cela doit être évité à tout moment.

Psy-op ? La lutte pour le pouvoir en Asie de l'Ouest semble réelle et dangereuse dans tous les cas.

Que Fulford fasse partie ou non d'une "psyop" sophistiquée (opposition contrôlée) ne change rien au fait qu'une lutte de pouvoir géopolitique majeure est en cours entre les francs-maçons (/ Illuminati) aux États-Unis et en Europe (les groupes et les multinationales contrôlés par les Rockefeller, les Rothschild et les familles royales) et le groupe asiatique de la Société secrète.

Il n'est pas exclu que cette lutte pour le pouvoir fasse également partie du "jeu" de la même élite du pouvoir. Cependant, il est également tout à fait concevable qu'au sein de l'élite du NWO, il y ait une méfiance nécessaire l'un envers l'autre (après tout, si vous êtes prêt à trahir votre propre peuple, à commettre tant de tromperies et à assassiner tant d'innocents avec toutes sortes de guerres insensées, alors personne ne peut vous faire confiance), et le groupe occidental et le groupe asiatique essaient effectivement de se battre l'un contre l'autre pour sortir de la tente.

Dans ce cas, cela pourrait bien conduire au déclenchement soudain de la troisième guerre mondiale. Les deux groupes réaliseront qu'il est alors crucial de savoir qui porte le premier coup. Comme les lecteurs réguliers le savent, nous estimons depuis des années que ce premier coup viendra des Russes, des Chinois et des Asiatiques, et que nous-mêmes, avec notre construction d'empire au moyen des guerres de l'OTAN, du chantage financier et économique et de la terreur, l'aurons rendu possible.

Un échec durable ?

Global Warming Policy Forum : L'augmentation des taxes sur le carbone et les subventions aux énergies renouvelables ont un effet dévastateur sur le prix du gaz naturel" - **Bloomberg : "L'Europe attend un hiver glacial".**

Alors que l'introduction de passeports anti-vax discriminatoires et les injections obligatoires de Covid, qui violent les droits de l'homme, retiennent toute l'attention, une autre crise se cache en arrière-plan et menace également de faire un grand nombre de victimes. Le moment où les énergies "vertes" et "renouvelables" commenceront à perturber l'ensemble de la société et de l'économie semble très proche, puisque les experts et les cadres supérieurs de l'industrie énergétique préviennent que l'Europe sera confrontée à d'importantes pénuries de gaz et à une crise énergétique cet hiver. La semaine dernière, la Grande-Bretagne a déjà été contrainte de remettre en service une vieille centrale électrique au charbon, le nombre sans cesse croissant d'éoliennes et de panneaux solaires s'étant révélé incapable de répondre à la moindre augmentation de la demande d'énergie.

Le Global Warming Policy Forum, qui dit vouloir aussi donner la parole aux scientifiques internationaux - désormais très nombreux - qui critiquent vivement la politique controversée du CO2 en matière de climat et d'énergie, constate que le coût du gaz naturel augmente rapidement en Europe. Les principales raisons en sont "l'impact dévastateur de la hausse des taxes sur le CO2, des subventions aux énergies renouvelables et de l'interdiction de la fracturation", des mesures prises pour "décarboniser" l'économie afin de parvenir à des émissions de CO2 nulles.

Les entreprises européennes du secteur de l'énergie sont contraintes par la politique de payer des prix très élevés pour les certificats de CO2. Ces coûts en forte hausse sont répercutés sur le client. Entre-temps, l'interdiction de la fracturation a entraîné une grave pénurie de la production de gaz naturel. Il en résulte des prix de l'électricité super élevés et une inflation croissante, ce qui représente un coût de plus en plus onéreux pour les ménages européens déjà en difficulté.

Nordstream 2 terminé, mais l'Europe ne fait que démolir sa propre infrastructure gazière

Malgré l'opposition des Américains, des Polonais et des Ukrainiens, le dernier tronçon du gazoduc Nord Stream 2, qui traverse la mer Baltique de la Russie à l'Allemagne, a récemment été achevé. Les politiciens hypocrites de l'UE sèment depuis des années les graines de la peur que la Russie n'acquière trop d'influence sur l'Europe, mais entre-temps, ils se sont mis une énorme brassée de beurre sur la tête en coupant progressivement leurs propres sources de gaz.

Le développement durable échoue déjà : L'Angleterre doit remettre en service une ancienne centrale à charbon

En Angleterre, la situation est déjà si grave que la vieille centrale au charbon de West Burton a dû être redémarrée. Le gaz naturel est devenu beaucoup trop cher en raison de pénuries délibérément provoquées et de taxes sur le CO2 très élevées, et l'énergie éolienne et solaire est loin de pouvoir répondre à la demande d'énergie. Dès qu'il fera plus froid en automne et certainement en hiver, et que la demande augmentera fortement, une énorme crise énergétique menacera d'éclater, tout comme dans l'UE.

Crise européenne et "pauvreté énergétique

En raison de la politique de destruction du climat et de l'énergie, le prix du charbon a augmenté de 70 % cette année. Ajoutée à la hausse des coûts des carburants et des transports, la flambée des prix du gaz et du charbon va nous plonger dans un "hiver glacial", écrit la chaîne internationale grand public Bloomberg.

Les géants italiens, français et autrichiens de l'énergie craignent également un hiver difficile, les prix du gaz et de l'électricité étant en moyenne 20 % plus élevés que la normale. Le spectre de la pauvreté énergétique pourrait bientôt s'abattre sur l'Europe cet hiver", prévient Alastair Syme, analyste de Citigroup.

Combinaison fatale de maladies, de froid, de faim et de pauvreté ?

La hausse rapide des prix de l'énergie constitue une menace majeure pour la fragile reprise de l'économie. Elle alimente l'inflation, augmente les coûts de production et érode encore plus le pouvoir d'achat. Aux pénuries alimentaires imminentes pourrait s'ajouter un très grave problème de santé publique si des scientifiques indépendants et d'autres experts ont raison et qu'un grand nombre de personnes vaccinées sont atteintes de thrombose, d'EIM et/ou d'autres pathologies, notamment parce qu'il est désormais établi que les injections affaiblissent et altèrent le système immunitaire humain.

Que se passera-t-il lorsque des millions de vaxxers tomberont malades dès que les virus reviendront en automne et en hiver, et qu'ils auront besoin de beaucoup de chaleur, mais que celle-ci leur fera défaut, ou qu'ils n'auront pas les moyens de se chauffer de toute façon ? Les personnes âgées et les faibles ne seront pas les premières à survivre à cette combinaison fatale de maladie, de froid, de faim et de pauvreté.

Le REFROIDISSEMENT global met fin au fantasme du réchauffement par le CO2

Et le fait qu'il fera de plus en plus froid au cours des prochaines années est dû au fait qu'un nouveau Grand Minimum Solaire a commencé avec un

REFROIDISSEMENT GLOBAL, qui sapera complètement la fausse fabrication du "réchauffement global anthropogénique au CO2", conçue uniquement pour démolir la prospérité de l'Occident et soumettre nos pays à une dictature communiste de l'ONU.

Par exemple, le printemps en Australie et en Nouvelle-Zélande commence cette semaine avec un froid glacial, de la pluie et des chutes de neige. L'ouragan Larry sera un "snowicane" rare qui devrait frapper le Groenland avec une couche d'un mètre à un mètre et demi de neige (en été !), et ce alors que la couverture de neige et de glace y est déjà considérablement supérieure cette année à la moyenne de 1981-2010. Dans une partie de l'Équateur, la neige printanière est rare, et l'Amérique du Sud, après une année très froide avec de mauvaises récoltes, peut se préparer à la prochaine vague de froid antarctique - tout comme l'Afrique du Sud, qui connaît de toute façon un hiver extrêmement froid. Le Mont Fuji, au Japon, est maintenant aussi enneigé, presque 4 semaines plus tôt que la normale.

Une guerre civile américaine ?

Le gouverneur de Caroline du Sud s'engage à combattre Biden *"jusqu'aux portes de l'enfer"* - **"Si 80 millions de personnes non vaccinées retirent leur argent de la banque et cessent de travailler, ce pays s'arrêtera net".**

Le président américain Joe Biden, qui est arrivé au pouvoir grâce à un coup d'éclat de fraude électorale, a non seulement annoncé la vaccination obligatoire de tous les employés du gouvernement (à l'exception de 600 000 employés de l'USPS chargés de la distribution du courrier) et des grandes entreprises, mais il a menacé, tel un véritable tyran, de déposer les gouverneurs des États qui refuseraient d'appliquer ses mandats de vaccination. La réaction de certains gouverneurs n'a pas été blafarde, et semble indiquer de plus en plus clairement l'imminence d'un grave conflit intérieur aux États-Unis, qui pourrait même culminer en une nouvelle guerre civile.

Le rêve américain s'est transformé en cauchemar sous le président Biden et les démocrates radicaux", a réagi Henry McMaster, gouverneur de Caroline du Sud. Ils ont déclaré la guerre au capitalisme, levé leur majeur sur la Constitution et rendu nos ennemis étrangers plus puissants. Soyez assurés que nous les combattrons jusqu'aux portes de l'enfer pour protéger la liberté et les moyens de subsistance de chaque habitant de Caroline du Sud".

Le Texas et le Missouri disent également qu'ils vont riposter.

Le gouverneur du Texas, Greg Abbott, a déclaré que "le mandat de vaccination de Biden est une attaque contre les entreprises privées. J'ai émis un ordre exécutif pour protéger le droit des Texans à choisir de recevoir ou non le vaccin Covid, et je l'ai ajouté à l'ordre du jour de la session extraordinaire. Le Texas s'efforce déjà de mettre un terme à cette prise de pouvoir".

Le gouverneur du Missouri, M. Parsons, a également qualifié l'annonce de M. Biden de "coup de pied contre nos principes américains de liberté individuelle et de libre entreprise. Cette action grossière du gouvernement fédéral n'est pas la bienvenue dans notre État et a des conséquences potentiellement dangereuses pour les familles qui travaillent. La vaccination protège contre des maladies graves, mais la décision de se faire vacciner est une décision de santé personnelle, et elle doit le rester. Mon administration se battra toujours contre les prises de pouvoir fédérales et les interférences gouvernementales qui limitent nos libertés.

La présidente du Comité national républicain (RNC), Ronna McDaniel, a promis de poursuivre Biden en justice dès que le mandat entrera en vigueur. Lorsqu'il a été élu, Biden a dit aux Américains qu'il n'imposerait pas de vaccin obligatoire. Il a menti. Maintenant, les petites entreprises, les travailleurs et les familles de tout le pays doivent en payer le prix.''

Les conscients de Vax seront traités comme des "insurgés".

Selon des sources au sein de la communauté du renseignement, Biden va invoquer les sections 3 et 4 du 14e amendement de la Constitution, qui stipule en résumé que le gouvernement fédéral peut intervenir en cas d'"insurrection" ou de "rébellion" contre les États-Unis.

Cela signifie non seulement que Biden peut fermer le robinet de l'argent aux États qui refusent de coopérer, mais aussi que les gouverneurs, les autres politiciens, les entreprises et les citoyens ordinaires qui refusent les vaccinations obligatoires peuvent être déclarés "insurgés", ce qui peut alors être traité par la force militaire.

Le masque est enfin tombé

'Le masque est finalement tombé', répond l'animateur de talk-show radio américain Hal Turner. Joe Biden n'est pas seulement un président illégitime qui est arrivé au pouvoir en volant l'élection de novembre 2020, mais il apparaît maintenant comme un tyran à part entière. Il semble donc que nous n'ayons plus de véritable gouvernement fédéral en Amérique, mais une tyrannie fédérale se faisant passer pour un gouvernement.''

Il cite les statistiques officielles du gouvernement qui affirment que 178 millions d'Américains sont désormais "vaccinés" contre le Covid-19. Cependant, le nombre de nouveaux cas quotidiens est 300% plus élevé qu'il y a un an, lorsque personne n'avait été injecté. Personne au gouvernement ne tente même d'expliquer cela.

Ailleurs dans le monde, le même tableau prévaut. Le pays le plus "vacciné", Israël, a injecté presque tout le monde et a également introduit un passeport vaccinal, mais entre-temps, il a le plus grand nombre de nouveaux "cas Covid" dans le monde.

C'est la fin du jeu, ils ont franchi une ligne".

Je pense que nous sommes arrivés à la fin du jeu. A ce stade, je peux voir que ça tourne à la guerre civile. Ils ont franchi une énorme ligne. Même un gouverneur d'état dit maintenant ouvertement qu'il faut les combattre "jusqu'aux portes de l'enfer". C'est un langage de guerre. La Déclaration d'indépendance américaine stipule donc que "lorsqu'une longue série d'abus et de prises de pouvoir (lett. usurpations, occupations illégales)... réduit (les États) à un despotisme absolu, il est de leur droit et de leur devoir de déposer un tel gouvernement et de nommer de nouveaux gardiens pour assurer leur avenir".

Selon Turner, c'est exactement la situation dans laquelle se trouve aujourd'hui l'Amérique. Ne nous interdit-on pas d'aller dans certains lieux publics si nous ne nous soumettons pas à une piqûre expérimentale, nocive et mortelle ? Ne sommes-nous pas menacés de perdre notre emploi si nous ne nous soumettons pas à l'aiguille de mort empoisonnée qu'ils ont déguisée en "vaccin" ? Ne nous interdit-on pas de traverser les frontières des États en avion, en bus, en train ou même les frontières des États à moins de faire ce qu'ILS disent ? Tout cela n'est-il pas du "despotisme absolu" ?

Une crise interne provoque-t-elle une attaque surprise ?

Si les États-Unis devaient tomber dans une crise existentielle telle qu'un soulèvement national, un crash financier et économique et/ou même une guerre civile, les ennemis de l'Amérique pourraient bien juger bon de lancer une attaque surprise militaire soudaine et écrasante afin de "décapiter" le pays une fois pour toutes.

Il n'est pas inconcevable qu'au même moment les alliés les plus fidèles de l'Amérique (notamment l'Europe de l'OTAN, l'Australie, le Japon, la Corée du Sud, Taïwan et Israël) soient également touchés. Il va sans dire que la troisième guerre mondiale éclatera alors.